Jeremy Josephs mit Susi Bechhöfer
Rosas Tochter

SERIE PIPER

Zu diesem Buch

Im Mai 1939 kamen die dreijährige Susi und ihre Zwillingsschwester Lotte mit einem Kindertransport, der 10 000 jüdischen Kindern das Leben rettete, aus Deutschland nach London. Die beiden Mädchen wurden von einem kinderlosen Baptisten-Ehepaar aufgenommen, das die deutsch-jüdische Herkunft der Kinder verheimlichte und sie als eigene Töchter ausgab. Fünfzig Jahre später: Lotte ist inzwischen gestorben, und Susi glaubt, die einzige Überlebende zu sein. Da erfährt sie plötzlich von ihrer jüdischen Herkunft. Über Suchanzeigen kommt sie in Kontakt zu einem ganzen Zweig der Familie, der mittlerweile in New York lebt. Und in Leipzig taucht unverhofft eine Halbschwester auf. Nach dieser glücklichen Familienzusammenführung muß sich Susi aber noch einer schmerzhaften Aufgabe stellen: der Suche nach dem Schicksal ihrer Mutter, die damals in Deutschland zurückbleiben mußte.

Susi Bechhöfer wurde 1936 in München geboren und kam mit drei Jahren nach Großbritannien. Heute lebt sie mit ihrem Mann und ihrem Sohn in Rugby und arbeitet als Psychotherapeutin.
Jeremy Josephs lebt mit seiner Familie in der Dordogne und lehrt an der juristischen Fakultät der Universität in Montpellier. Er ist Autor mehrerer Sachbücher über Geschichte und Gesellschaft.

Jeremy Josephs
mit Susi Bechhöfer
Rosas Tochter

Bericht über eine wiedergefundene Kindheit

Mit 17 Fotos

Aus dem Englischen von
Michael Hofmann

Piper München Zürich

Ungekürzte Taschenbuchausgabe
November 1999

Titel der englischen Originalausgabe:
»Rosa's Child«, I.B. Tauris, London 1996

Umschlag: Büro Hamburg
Stefanie Oberbeck, Katrin Hoffmann
Foto Umschlagvorderseite: Hulton Getty/Tony Stone Images
Gesamtherstellung: Clausen & Bosse, Leck
Printed in Germany ISBN 3-492-22944-1

FÜR ROSA

INHALT

VORWORT

Der Zeitpunkt fiel nicht gerade glücklich. Von Susi Bechhöfers Geschichte erfuhr ich nämlich erst wenige Wochen, bevor ich England verlassen und nach Frankreich umziehen wollte. Doch sobald man mir ein paar Einzelheiten aus ihrem Leben geschildert hatte, war meine Neugier geweckt: Ich wollte mehr wissen. Da ich mich sowohl für den Holocaust, der den düsteren Hintergrund des Falls Bechhöfer darstellt, als auch für die menschliche Psyche interessiere, war mir sofort klar, daß ich Susis tragische, letztlich aber ermutigende Geschichte zum Thema meines nächsten Buches machen würde.

Zum Glück war Susi ebensosehr daran gelegen, ihre Geschichte zu verbreiten. Wir waren uns von Anfang an einig, daß wir die Tatsachen in keiner Weise beschönigen wollten, so häßlich manche von ihnen auch sind. Dabei möchte ich dankbar hervorheben, wie offen und hilfsbereit Susi die vielen Stunden ertrug, in denen ich sie ausfragte. Mir war während unserer Sitzungen nur allzu bewußt, wie schmerzlich mein ständiges Bohren in den unglücklichen Erinnerungen für sie war. Trotzdem verlor sie nie aus dem Blick, daß ihre Bemühungen sinnvoll und vielleicht sogar nötig waren, damit sie endlich ihren Seelenfrieden fand.

Meiner Meinung nach haben wir hier eine der ungewöhnlichsten der vielen grauenhaften Lebensgeschichten, die mit dem Holocaust zusammenhängen, und ich hoffe, daß ich der Kompliziertheit und dem blanken Entsetzen, die ihr eignen, gleichermaßen gerecht geworden bin. Jedenfalls kann ich sagen, daß mir die folgende Schilderung wesentlich schwerer gefallen wäre, hätten mir Richard Dawes als guter Lektor und die Mitarbeiter des Verlags I. B. Tauris nicht zur Seite gestanden.

Danken möchte ich außerdem Cynthia Anton, Edward und Irene Mann, Frederick Stocken, Alan Stocken, Jerry Bechhofer, Bertha Leverton, Clare Fay, Lucy Morton, Edith Moses, Mavis und James Wainman, Sally George und natürlich Susi Bechhöfer selbst. Susis Bereitschaft, sich mit ihrer Vergangenheit auseinanderzusetzen und die Last der Dinge zu tragen, die sie dort ausgrub, ist uns allen gewiß von Wert.

Jeremy Josephs
Montpellier 1996

Erster Teil

IM SCHATTEN

1. GESETZLICH VERBOTEN

Rosa Bechhöfer hatte keinen großen Grund zur Klage. Verglichen mit der Not vieler Fürther Juden, war sie recht gut dran. In den zwei Jahren seit Hitlers Machtergreifung hatte die jüdischen Bewohner der bayerischen Gemeinde eine Reihe harter diskriminierender Gesetze getroffen. Erst hatte man sie von öffentlichen Ämtern und Beamtenpositionen ausgeschlossen. Dann durften sie nicht mehr in der Landwirtschaft, im Journalismus, in Lehr- und künstlerischen Berufen arbeiten. Vielleicht würde eines Tages auch Rosa per Gesetz ihre bescheidene Anstellung verlieren. Bisher jedenfalls war sie als Verkäuferin im zentral gelegenen Schuhgeschäft ihrer Schwester Frieda den Fallstricken des Gesetzgebers entronnen.

Rosa war trotzdem unglücklich, wenn auch nicht wegen der Gesetze zur Berufszulassung: Sie war noch unverheiratet. Die in Frage kommenden jüdischen Männer zogen die Töchter wohlhabender Familien vor: Mit fast siebenunddreißig Jahren und ohne jeden Pfennig waren Rosas Aussichten, jemals unter der Chuppa, dem jüdischen Hochzeitsbaldachin, zu stehen, immer schlechter. Sie überlegte, ob es ihr in München, der weltläufigeren bayerischen Hauptstadt, besser ergehen würde. Dorthin waren es mit dem Zug nur eineinhalb Stunden.

Daß Rosa Fürth mit gewissem Widerstreben verließ, war verständlich; schließlich hatte sie über dreißig Jahre lang in der Altstadt gelebt und gearbeitet und kannte keine andere Heimat. Ihre Eltern, Sara und Gabriel Bechhöfer, hatten zwar dreizehn Kinder gehabt, und sie war das zwölfte; trotzdem hatte sie sich nicht lange im Schoß der Familie geborgen fühlen dürfen. Ihre Eltern waren nämlich beide gestorben, als sie sechs war, und darum war sie anschließend zusammen mit der Jüngsten, Betty, im heruntergekommenen gemeindeeigenen Waisenhaus aufgewachsen.

Ende Februar 1935 war Rosa endlich so weit, aus Fürth wegzuziehen: Sie hatte in München eine Stelle als Hausmädchen bei der wohlsituierten Familie Kreschower gefunden. Doch kaum hatte sie sich an ihre neuen Verhältnisse gewöhnt, mußte sie sich nach etwas Neuem umsehen. Die Juden, die es sich leisten konnten, München oder gar Deutschland den Rücken zu kehren, gingen fort. Den Kreschowers war es gelungen, die für die Ausreise in die USA nötigen Papiere zu bekommen.

Zu ihrem Leidwesen hatte Rosa erst zwei Monate für ihre neuen Herrschaften, die Grünbaums mit ihrem vornehmen Haus in der Kaulbachstraße, gearbeitet, als diese ebenfalls die Koffer packten und Deutschland für immer verließen. Diesmal fand Rosa jedoch schnell ein anderes Auskommen. Gleich am nächsten Tag, dem 1. September 1935, trat sie ihre dritte Stelle an: bei den Levingers in der Rosenstraße 6. Sie betete, in diesen unsicheren Zeiten wenigstens ihre Arbeit behalten zu dürfen.

Doch für die deutschen Juden war in den dreißiger Jahren nichts von Dauer. Rosa war gerade zwei Wochen auf ihrer neuen Stelle, als sie erfuhr, daß man ihr die deutsche Staatsbürgerschaft aberkannte. Dieses Schicksal teilte sie mit allen übrigen deutschen Juden. Hitler hatte sich nämlich schon über zehn Jahre zuvor zwei weitreichende gesetzliche Maßnahmen ausgedacht, die jetzt vom Parteitag der Nationalsozialisten in Nürnberg einstimmig gebilligt worden waren. Das »Reichsbürgergesetz« hätte deutlicher kaum ausfallen können. Mit einem Wort: Die deutschen Juden waren keine vollgültigen Staatsbürger mehr, sondern nur noch Untertanen.

Und falls Rosa bei ihrer Suche nach einer glücklichen Ehe erwogen haben sollte, einen Mann anderen Glaubens zu heiraten, so war ihr dieser Gedanke jetzt durch das »Gesetz zum Schutze des deutschen Blutes und der deutschen Ehre« untersagt. Diese Bestimmung, die zusammen mit dem »Reichsbürgergesetz« in Kraft trat, verbot ausdrücklich Ehen und außereheliche Beziehungen zwischen Juden und Ariern. Gerade darin spiegelte sich ein Schlüsselgedanke des nationalsozialistischen Weltbilds: Die Arier sollten unter gar keinen Umständen durch jüdisches Blut »befleckt« werden.

Trotzdem hatte Rosa Bechhöfer ebensogut einen Anspruch auf die Staatsbürgerschaft wie jeder Arier des Vaterlands. Sie konnte ihre Herkunft bis in die Mitte des 16. Jahrhunderts zurückverfolgen, als ihr acht Generationen zurückliegender Urgroßvater geboren worden war. So einen Stammbaum konnten nicht viele Deutsche aufweisen. Rosas ferner Ahne war in dem etwa fünfzig Kilometer südlich von Fürth gelegenen Bechhofen zur Welt gekommen und aufgewachsen, und in diesem alten fränkischen Dorf mit der berühmten Synagoge und dem mittelalterlichen Friedhof hatte auch Rosa ihre ersten sechs Lebensjahre verbracht.

Rosas Ahnentafel beeindruckte die Verfechter der Nürnberger Gesetze jedoch nicht. Aus ihrer Sicht hätte der gesamte Klan der Bechhöfers seit Urzeiten in der Gegend gewohnt haben können, es hätte nichts geändert. Die Bechhöfers hätten sich noch so sehr anstrengen können, man hätte sie nie für würdig befunden, die deutsche Staatsbürgerschaft wiederzuerlangen. Der Grund dafür war ganz einfach: Sie waren Juden und würden es immer bleiben. Als hätte das nicht genügt, sollten mit der Zeit über ein Dutzend weitere Gesetze hinzukommen, die Rosa und mit ihr alle Juden vollkommen entrechteten.

Das Blut, das in den Adern von Joseph Otto Hald floß, hatte keine derartigen Mängel aufzuweisen. Er war durch und durch Arier und hatte in gar nicht so ferner Vergangenheit sogar einen adeligen Vorfahren gehabt. Trotzdem konnte Otto Hald sich nicht der stechend blauen Augen und blonden Haare des nationalsozialistischen Vorzeigeariers rühmen. Er war schlank, aufgeschossen, dunkelhaarig und braunäugig. Achtundzwanzig Jahre alt und Schweißer von Beruf, hatte er seine Arbeit aufgeben müssen und war zum Militär eingezogen worden, dessen Expansionsgelüste in London und Paris die Alarmglocken schrillen ließen. Otto war jedoch nur widerstrebend bei der Sache, und daß er über den Rang eines Gefreiten nie hinauskaum, verriet seinen völligen Mangel an Begeisterung für die imperialistischen Wahnbilder des Führers.

Er stammte aus Stuttgart und war wie Rosa nach München gekommen, um seine wirtschaftliche Lage zu verbessern. Er träumte davon, eines Tages eine bestimmte Legierung zu erfinden und das entsprechende Patent dann zu verkaufen. Hitlers Aufstieg jedoch und Deutschlands unerbittliche Aufrüstung hatten seine Pläne über den Haufen geworfen. Anders als Rosa, die in einem kleinen Zimmer über einer Drogerie hauste, das nur über eine alte steinerne Wendeltreppe zu erreichen war, wohnte Otto Hald recht stilvoll. Seine Familie war vermögend, und zwar vor allem auf der Seite seiner Mutter, einer geborenen von Eiff. Seine elegante Wohnung lag nur einen Katzensprung von der Drogerie entfernt, auf der anderen Seite der im zwölften Jahrhundert erbauten Peterskirche, des ältesten Gotteshauses von München.

Der stattliche Soldat hatte sich bewußt eine Bleibe in der Altstadt ausgesucht. Zum einen schätzte er wohl den Zauber, den dieses Viertel mit seiner schönen Barock- und Rokokoarchitektur ausstrahlte. Wichtiger schien ihm aber bestimmt, daß die betriebsame Innenstadt der ideale Ort für seine beiden Leidenschaften war: das Schürzenjagen und das Trinken. Als attraktiver Junggeselle wußte Otto, daß viele Frauen sich von seinem blendenden Aussehen und seiner sorglosen Art angezogen fühlten. Das kam ihm sehr gelegen, denn in den meisten Fällen erwiderte er diese Gefühle eifrig. Otto war das Paradebeispiel eines Frauenhelden und sollte dies sein ganzes Leben lang bleiben.

Als 1935 die Abgeordneten des nationalsozialistischen Parteitags in Nürnberg wieder in ihre Heimatgemeinden aufbrachen, hochzufrieden über die Verabschiedung des Gesetzes zum Schutze des deutschen Blutes und der deutschen Ehre, das jegliche Beziehung zwischen Juden und Bürgern »deutschen oder verwandten Blutes« untersagte, sah Rosa Bechhöfer sich mit einer harten Wahrheit konfrontiert: Sie war schwanger. Und sie trug, auch wenn sie es noch nicht wußte, Zwillinge im Leib. Der Vater war, wie sich bald herausstellen sollte, Otto Hald, in dessen Adern unleugbar deutsches oder verwandtes Blut floß.

Über Rosas und Ottos Verhältnis wissen wir nur wenig. Vielleicht handelte es sich um eine leidenschaftliche Affäre, die die beiden trotz der herrschenden Vorurteile, die jetzt zum Gesetz erhoben worden waren, ausleben wollten. Vielleicht war es auch nur die Sache einer Nacht. Genaues läßt sich nicht sagen, da die beiden sich wohl bemühten, den Bestimmungen der Nazis nicht offen zuwider zu handeln. Vielleicht hatte Otto Verbindungen zu Rosas Herrschaften gehabt, den Kerschowers, den Grünbaums oder den Levingers. Oder vielleicht waren Otto und Rosa schlicht und einfach in einem der vielen Wirtshäuser ihres Viertels nebeneinandergesessen und hatten aus beiderseitigem Verlangen eine Unterhaltung angeknüpft. Wie diese beiden Fremden, die aus unterschiedlicheren Verhältnissen kaum hätten stammen können, einander tatsächlich kennenlernten, wird jedoch immer im Dunkeln bleiben.

Keine Spekulation hingegen ist die unheilvolle Verdeutlichung, die am 14. November die 1. Verordnung zum Reichsbürgergesetz und die 1. Verordnung zum Schutze des deutschen Blutes und der deutschen Ehre brachten. In ihnen wurde genau festgelegt, wer Jude war: nämlich jeder mit mindestens einem jüdischen Großelternteil. Weitere gesetzliche Bestimmungen sollten den Prozeß der Ausgrenzung vervollständigen; Juden war von nun an verboten, »im Haushalt weibliche Staatsbürger deutschen oder verwandten Blutes, die jünger sind als 45 Jahre, zu beschäftigen«. Bald darauf wurde in die jüdischen Ausweispapiere ein gelbes »J« gestempelt. Juden bekamen den Beinamen »Israel«, Jüdinnen den Beinamen »Sara«, damit man sie leichter erkennen konnte.

Das alles kümmerte Rosa Bechhöfer nicht weiter, da sie ihr Judentum nie verleugnet hatte. Ihre Großeltern waren alle Juden gewesen, ebenso deren Großeltern, und dazu noch strenggläubig. Sie mußte sich zwar noch einen Ausweis holen, in den dann ein eifriger Beamter ein großes »J« stempeln konnte, aber die Vorgänge in ihrem Körper beschäftigten sie weit mehr. Die Levingers, ihre Arbeitgeber, beteuerten, sie könne, wenn sie wolle, bis zum letzten Tag ihrer Schwangerschaft für sie arbeiten. Sie wollten ihr beistehen. Rosa machte sich jedoch große Sorgen, ob Otto dazu ebenfalls bereit wäre.

Er war es nicht. Als Rosa im Februar 1936 etwa die Hälfte ihrer Schwangerschaft hinter sich hatte, war er verschwunden. Auch er wußte natürlich, welche Folgen es hatte, wenn man die Nürnberger Gesetze mißachtete. Juden und Arier, die man bei Beziehungen untereinander ertappte, wurden bereits in Konzentrationslager gesteckt. Das KZ in Dachau, das erste in Deutschland, mit dessen Bau man gleich nach Hitlers Machtergreifung im Januar 1933 begonnen hatte, lag knapp zwanzig Kilometer nördlich von München bedrohlich nahe. Otto Hald verspürte nicht die geringste Lust, bald zur wachsenden Zahl der dortigen Häftlinge zu gehören.

Ottos Flucht aus München stürzte Rosa in ein Dilemma. Einerseits war sie froh, endlich schwanger zu sein. Sie hatte nämlich jahrelang gehofft, einmal Kinder zu bekommen und nicht nur Tante zu sein, sondern auch Mutter zu werden. Aber die Umstände ihrer Schwangerschaft hatte sie sich wahrhaftig anders vorgestellt. Sie fragte sich natürlich, ob ihre große, aber weit verstreute Verwandtschaft jetzt ihr früheres Verhalten aufgeben und Mitleid mit ihr haben würde. Das war nicht der Fall. Die niederschmetternde Wahrheit ist, daß die meisten Nachkommen der Familie Bechhöfer, die noch in Deutschland lebten, die Lage ihrer auf Abwege geratenen Schwester mit Entsetzen aufnahmen. Sobald sie alt genug dazu waren, hatte man ihnen eingebleut, daß die Zeugung eines Kindes außerhalb des Bunds der Ehe ein Verstoß gegen die Gesetze Moses war. Rosa hatte also gegen die Lehren der jüdischen Schriften verstoßen. Und als die Verwandtschaft herausfand, daß der Vater nicht nur kein Jude war, sondern auch noch in Hitlers Armee diente, brachte sie kaum Mitgefühl für Rosa auf.

Besonders aufgebracht war Hermann Bechhöfer, der drittälteste. Er stand zu guter Letzt kurz davor, die nötigen Visa zur Ausreise nach Amerika zu bekommen. Die Antragstellung war langwierig gewesen und hatte ihn viel Zeit und Kraft gekostet. Konnte es nicht Folgen für Hermann und seine Frau Jenny haben, wenn die Behörden erfuhren, daß in der eigenen Verwandtschaft jemand war, der so deutlich gegen die strikten Rassegesetze verstoßen hatte?

Rosas Schwangerschaft wurde bei den Bechhöfers bald zum Tabu, eine Schande, über die man nur bei geschlossenen Türen flüstern durfte. Für orthodoxe Juden aus Fürth war es ein Fleck auf dem Familiennamen, und ein gefährlicher obendrein. Rosa war also wieder allein, das allerdings nicht zum erstenmal im Leben.

Das heißt, fast allein. Denn ihre Schwester Frieda Behr, in deren Schuhgeschäft sie vor ihrem Wegzug aus Fürth gearbeitet hatte, machte sich aufrichtig Sorgen. Als verheiratete, aber kinderlose Frau erkannte Frieda, daß sie ihrer Schwester in erster Linie finanziell unter die Arme greifen konnte. Damit hatte sie recht, denn Rosas magerer Dienstbotenlohn reichte ihr kaum zum Leben. Zwar hatte Rosa seit ihrer Ankunft in München noch keine Verbindung zur dortigen jüdischen Gemeinde aufgenommen, doch trotzdem schlug Frieda ihr vor, die Kinder im jüdischen Krankenhaus der Stadt zur Welt zu bringen. Für sämtliche Kosten in der privaten Klinik wollte Frieda aufkommen. Rosa nahm das Angebot dankbar an.

Da sie spürte, daß die Zwillinge eine Frühgeburt werden könnten, entschloß Rosa sich zu einem Plan, mit dem sie einen Neuanfang einzuleiten hoffte. Die Levingers waren gerade dabei, sich um die Ausreise in die USA zu bemühen. Rosas Bruder Isaak hatte in weiser Voraussicht ein Jahr nach Hitlers Machtergreifung im Jahr 1933 das gleiche getan. Diesem Beispiel wollte Rosa folgen. Mit der Erlaubnis der Levingers lief sie in ganz München von einer Behörde zur anderen und versuchte eilends, noch vor der Geburt der Zwillinge sämtliche erforderlichen Unterlagen zusammenzubekommen.

Rosa war sich durchaus bewußt, daß ihre Erfolgsaussichten stiegen, wenn Isaak und seine Frau Martha, die inzwischen beide amerikanische Staatsbürger waren, eine eidesstattliche Versicherung für sie abgeben würden. Sie wußte auch, daß die USA, die gerade die Depression hinter sich gebracht hatten, sich kaum Flüchtlinge leisten konnten, die für die Wirtschaft eine Belastung darstellten, wie dringend ihr Anliegen auch sein mochte. Rosa schrieb an ihre Verwandten in New York und bat sie um eine eidesstattliche Versicherung. Isaak Bechhöfer wandte sich an seinen Vetter Julius Selling, das einzige wohlhabende Mitglied der Familie in den Vereinigten Staaten. Selling versprach, »etwas zu unternehmen«. Doch er hielt trotz mehrerer Besuche Isaaks und dessen Tochter Senta sein Versprechen nicht. Und Isaak war nicht in der Lage, ein Affidavit zu besorgen: Ihm fehlten die nötigen Mittel.

Ob eine solche Erklärung Rosa den Weg geebnet hätte, bleibt Mutmaßungen überlassen. Um ein Einreisevisum für die USA zu bekommen, mußte man sich im Konsulat der Vereinigten Staaten in Stuttgart einschreiben und erhielt eine »Quotennummer«. Unglücklicherweise kamen viele Nummern erst an die Reihe, nachdem ihre Inhaber von den Nationalsozialisten verschleppt worden waren. Über Rosas Quotennummer wissen wir nichts. Wäre sie niedrig gewesen, und hätte Julius Selling ein Affidavit gesandt, hätten sie und ihre Kinder womöglich das begehrte Visum bekommen.

Am 17. Mai 1936 setzten bei Rosa die Wehen ein. Noch am selben Abend schenkte sie zwei Mädchen das Leben: Lotte und Susi. In den Augen der stolzen Mutter war Lotte das Ebenbild ihres Vaters, während Susi eindeutig Rosas semitische Züge aufwies. Lotte war dunkelhaarig, rege und helläugig. Susis Augen schienen die Trauer zu spiegeln, die Rosa empfand.

In den ersten Tagen der Zwillinge trug sich eine Reihe von Ereignissen zu, die ihren Lebensweg entscheidend beeinflussen sollten. Erstens erfuhr Rosa, daß die Levingers die Erlaubnis erhalten hatten, sich in den USA niederzulassen. Das war keine Überraschung, aber ihr selbst sollte dergleichen Glück nicht beschieden sein, denn schon bald erreichte sie die Nachricht, daß ihr Antrag erfolglos geblieben war. Ja, noch schlimmer: man hatte ihn nicht einmal ernsthaft geprüft. Mit einem Streich hatten sich ihre sämtlichen Hoffnungen auf ein neues Leben in Amerika gemeinsam mit den beiden Töchtern zerschlagen.

Die Bürokraten der Einwanderungsbehörde in New York hatten kein Interesse an einer ledigen Schwangeren gehabt, die mittellos und ohne Berufsausbildung flüchtete, und deren eigene Verwandte im übrigen nicht bereit waren, für sie zu bürgen. Ihre Weigerung zwang Rosa dazu, sich nach einer anderen Dienstbotenstelle umzusehen. Zumindest damit hatte sie Erfolg. Keine drei Monate nach ihrer Niederkunft arbeitete Rosa wieder für Münchner Juden aus der Mittelschicht. Während sie ihren täglichen Pflichten nachkam, beschäftigte sie eine einzige Frage: Was sollte nur aus Lotte und Susi werden, die noch mit einer leichten Gelbsucht in ihren Wiegen im jüdischen Krankenhaus lagen?

Eines Tages im Spätsommer des Jahres 1936 fuhr eine furchterregende Gestalt in gestärkter weißer Schwesterntracht mit dem Taxi vor der Klinik vor und bat den Fahrer zu warten. Kurz darauf erschien sie wieder: Susi sicher unter dem einen, Lotte unter dem anderen Arm. Die Besucherin des Krankenhauses war Alice Bendix, die hochangesehene Leiterin des Antonienheims, das nach der stillen Antonienstraße benannt war, an der es lag. Bekannt war es auch unter dem Namen Kinderheim, aber wie man es auch nannte, es war und blieb das jüdische Waisenhaus von München.

Ehe Alice Bendix ins Krankenhaus gefahren war, hatte sie die Kinder und das Personal darauf eingestimmt, zwei ganz besonderen Gästen einen herzlichen Empfang zu bereiten. Im Waisenhaus herrschte große Aufregung und Spannung, da die Kinder zu erraten versuchten, was die Leiterin gemeint hatte. Als sie später mit Susi und Lotte wiederkam, war niemand enttäuscht. Die Zwillinge wurden in Ehren als Neuankömmlinge begrüßt, und jeder im Haus machte sich auf den Weg in die Säuglingsstube, um ihnen guten Tag zu sagen. Dabei konnte keiner der rund hundert eifrigen Bewunderer ahnen, daß die Bechhöfer-Zwillinge bis einen Tag vor ihrem dritten Geburtstag keinen Schritt vor die Tür des Heims setzen sollten, noch konnten sie wissen, daß sie später auf eine lange Reise gehen würden, ohne daß die Hand ihrer Mutter oder ihres Vaters sie führte.

Von Anfang an war Lotte diejenige, die sämtliche Herzen eroberte. Sie war ein bißchen größer als ihre Schwester und hatte ein rundes, pausbäckiges Gesicht und ein fröhliches, offenes Wesen. Sie war zärtlichkeitsbedürftig und wollte dauernd auf den Arm genommen und gedrückt werden. Susi, die kleiner und hellhäutiger war, unternahm keinen Versuch, auf die Leute zuzugehen. Ihre beiden großen braunen Augen in dem zarten, zerbrechlichen Gesicht schienen eher mit ernsthafter Neugier in die Welt zu blicken. Sie weinte viel und war manchmal nicht zu beruhigen. Auch wenn keiner es offen aussprach, so war Lotte doch eindeutig der Liebling aller. Und trotzdem war Susis vorsichtigerer Standpunkt für das, was das Leben ihr bringen sollte, wohl eher von Vorteil.

Die Antonienstraße war eine kurze Wohnstraße in der Nähe des Englischen Gartens. Das Heim hatte die Hausnummer sieben: ein großes Gebäude, das von einer Unzahl von Balkonen fast zu platzen schien. Um das Waisenhaus gab es einen gepflegten Garten, der zwar keine große Rasenfläche hatte, aber über viele ausgewachsene Obstbäume und unterschiedliche Beerensträucher verfügte. Der Speisesaal und die Spielzimmer lagen im Parterre, während sich oben die Schlafzimmer befanden, die in verschiedenen Farben gestrichen waren: Grün-, Blau- und Gelbtöne herrschten vor. Die Säuglingsabteilung, in der die Zwillinge mit drei anderen kleinen Menschenkindern versorgt wurden, war ein geräumiges, hellrosa gestrichenes Zimmer. Am Flur entlang lagen die Waschräume mit Reihen von kleinen Becken, winzigen Toiletten und Badewannen.

Auch wenn das Essen mitunter knapp war – oft gab es kein Frühstück, und das Mittagessen war manchmal ebenfalls nur von geringem Nährwert –, herrschte im Antonienheim durchgehend eine freundliche Stimmung. Im Gegensatz dazu wurden die äußeren politischen Bedingungen für das Heim tagtäglich düsterer. Und ohne daß Alice Bendix es ahnte, wurde die gesetzliche Stellung des Waisenhauses gerade neu verhandelt.

Die Pflege der Zwillinge vertraute man Helene Pressburger an, einer gelernten Säuglingsschwester aus Stuttgart und zugleich einer der beliebtesten Angestellten des Antonienheims. In der Praxis wurde die tägliche Fürsorge ihrer Säuglinge jedoch von den älteren Kindern wahrgenommen. Das war ein ganz pragmatisches Vorgehen, denn die knappen Ressourcen geboten es, daß die älteren Kinder sich um die jüngeren kümmerten. So kam es, daß die elfjährige Ruth Bruckner und ihr Bruder Walter die Verantwortung für Lotte und Susi hatten. Sie wurden ihrer Aufgabe hervorragend gerecht und bereiteten den Zwillingen das Essen, fütterten und badeten sie liebevoll und bewältigten auch das aufwendige Windelwaschen.

Rosa hätte sämtliche dieser Aufgaben natürlich gern selbst wahrgenommen, aber die Umstände hinderten sie daran. Es schien ihr bestimmt zu sein, sich mehr um die Bedürfnisse Fremder als um die ihrer eigenen Kinder zu kümmern. Sie wurde deswegen von großen Schuldgefühlen geplagt. Neben ihren Selbstvorwürfen mußte sie obendrein mit der fast einhelligen Mißbilligung ihrer Familie fertig werden. Rosa suchte das Antonienheim regelmäßig auf. Sie kam fast an jedem Sonntag, ihrem freien Tag, kurz nach dem Mittagessen der Zwillinge. Zwar freute sie sich jedesmal über die kostbaren Stunden, die sie mit ihren Töchtern verbringen durfte; sie taten ihr aber auch sehr weh.

Für Edith Moses, eine der vielen Frauen, die freiwillig im Waisenhaus unterrichteten, war Rosas Leid nur allzu ersichtlich. »Es war jede Woche dieselbe Geschichte, wenn sie sich von den Zwillingen verabschieden mußte. Sie konnte sie dann kaum anschauen, so weh tat ihr das. Darum verließ sie das Haus immer in Windeseile.«

Als einzige andere Familienangehörige besuchte Frieda gelegentlich das Antonienheim. Ihr Bild von den Zwillingen stimmt eindeutig mit dem anderer Menschen überein. Auf die Rückseite eines Fotos, das sie im Waisenhaus aufnahm, schrieb sie nämlich: »Lotte – ein Engel«, während vorne der verräterische Satz stand: »Susi – ziemlich schwierig.«

Als die Zwillinge mit achtzehn Monaten von der Säuglingsabteilung in den Kindergarten kamen, hatte ihre Mutter bereits dreimal den Wohnsitz gewechselt, und zwar aus den bekannten Gründen: Die Münchner Juden, die es sich leisten konnten, zogen weg. Als Rosa sah, wie sie sich um die Sicherheit ihrer Zukunft bemühten, entschloß sie sich zu einer anderen Vorgehensweise. Warum sollte sie, wenn sie schon nicht selbst auswandern konnte, nicht wenigstens ihre Kinder evakuieren? Sie fragte Alice Bendix nach Möglichkeiten.

Die Vorsteherin des Antonienheims war trotz des ständigen wachsenden Drucks auf die Juden der Stadt hart geblieben. Freitag abends wurden die jüdischen Traditionen aufs strengste befolgt: Man entzündete Kerzen, sprach den Kaddisch und sang alte hebräische Lieder. Diese Stimmung, die das überlieferte jüdische Familienleben nachbilden sollte und den über die Jahrhunderte weitergegebenen Bräuchen folgte, nahmen die Zwillinge bereitwillig auf. Ja, das Hochhalten des Sabbats war eine Gepflogenheit, auf die alle im Waisenhaus, ob Kinder oder Angestellte, sich sehr freuten. Zudem wußten sie, daß es nach den Gebeten eine kräftige Mahlzeit mit gebackenem Fisch und Kartoffelsalat gab.

Die Kristallnacht am 9. November 1938 zwang Alice Bendix, ihre Gebräuche zu ändern. Jetzt bestand nicht mehr der geringste Zweifel, daß die deutschen Juden in ernster Gefahr schwebten. Diese Nacht löste unter den Juden im ganzen Land Entsetzen aus, denn die gesetzlichen Zwangsbestimmungen waren nun überall willkürlicher Zerstörung und Gewalt gewichen.

Die Zahl der im ganzen Land Ermordeten und zerstörten Gebäude lag bei etwa hundert getöteten Juden und dreihundert niedergebrannten Synagogen. Außerdem hatte man rund dreißigtausend Juden verhaftet; gemeldet wurden auch eine Reihe von Vergewaltigungen. Nach der verdrehten Logik der Nazis war unter den damaligen Umständen Vergewaltigung ein schlimmeres Verbrechen als Mord, da die Nürnberger Gesetze ja sexuelle Kontakte zwischen Juden und Nichtjuden untersagten.

Ein paar Tage später wurden die jüdischen Gemeinden in Deutschland davon in Kenntnis gesetzt, daß sie für die Zerstörung ihres eigenen Besitzes aufzukommen hätten. Sie mußten also auch noch eine Kollektivstrafe in Höhe einer Milliarde Reichsmark zahlen – all dies auf Befehl der eigenen Regierung.

In München erreichte die Spannung fiebrige Ausmaße. Rosa wollte unbedingt ihre Verbundenheit mit den Zwillingen festigen und begab sich ins Antonienheim. Da Gerüchte umliefen, daß jüdische Kinder aus Deutschland evakuiert würden, bat sie um zwei Plätze für ihre Kinder. Alice Bendix hatte bereits die Initiative ergriffen und teilte Rosa mit, daß sie Kontakt zu jüdischen Vereinen in den USA aufgenommen und offenbar erreicht habe, daß die Zwillinge von einer wohlhabenden orthodoxen Familie in Kalifornien adoptiert würden. Sie hatte sogar eine einundzwanzigjährige Jüdin namens Hannah Bronstein aufgetrieben, die einige Zeit im Waisenhaus verbringen wollte, um sich mit den inzwischen zweieinhalb Jahre alten lebhaften Schwestern vertraut zu machen. Sobald die Zwillinge sich bei ihr wohl fühlten, würde die junge Frau sie auf der langen, beschwerlichen Reise zur amerikanischen Westküste begleiten. Die Formalitäten standen kurz vor dem Abschluß.

Rosa war von dem Plan entsetzt. Aber da sie die Kristallnacht erlebt und für sie Lottes und Susis Wohlergehen höchsten Vorrang hatte, war ihr klar, daß Alice Bendix' Vorkehrungen vermutlich das Beste waren, was sie sich erhoffen durfte.

Nur wenige Kilometer weiter schlossen die Mitglieder der NSDAP die Vorbereitungen für eine pompöse Feier arischer Kunst ab. Fast die ganze NS-Führung sollte daran teilnehmen. Höhepunkt sollte ein Festzug mit Rittern in Rüstungen und strohblonden Rheintöchtern werden. Damit wollten sie ihre Vorstellung von zweitausend Jahren germanischer Kultur versinnbildlichen. Währenddessen legte Alice Bendix letzte Hand an ihren Plan. Dabei ging es ihr nicht allein um die Bechhöfer-Zwillinge. Vielmehr wollte sie jedes Kind, das noch unter ihrer Obhut stand, auf den Weg nach Übersee schicken. Die Dinge gingen zwar nach der Kristallnacht etwas schneller. Aber man mußte noch immer den Amtsweg einhalten, was unvermeidlich Verzögerungen mit sich brachte. Und am 16. Mai 1939 herrschte plötzlich eilige Aufbruchstimmung. Im Antonienheim wurden die Koffer für die Kleinen gepackt.

Ruth Bruckner erinnert sich noch lebhaft an jenen Tag. Ihr fiel auf, daß die Zwillinge fort waren. Wo sie sich befanden, wußte sie jedoch nicht und bekam auch keine andere Antwort als: »Sie sind fort.« Bis das Mädchen sich genauer nach dem Verbleib ihrer Schützlinge erkundigen konnte, waren diese längst außer Landes.

2. GRACE UND EUNICE

Es war November 1938. Irene Mann stand gerade in der Küche und bügelte, als ihr Mann mit dem *Daily Telegraph* in der Hand hereinstürmte. Er hatte in Cardiff ein paar Dinge erledigt und danach beim Kaffeetrinken im Kardomah die Zeitung gelesen. Jetzt las er seiner Frau aus einem Artikel vor, in dem berichtet wurde, daß aufgrund der Lage in Deutschland Tausende von Flüchtlingskindern verzweifelt eine Familie suchten. Die Leser der Zeitung waren aufgefordert, sich der Kinder anzunehmen. Als Irene von ihrem Mann gefragt wurde, ob sie das wolle, stimmte sie ihm, stets auf die Erfüllung seiner Wünsche bedacht, bereitwillig zu.

Binnen kurzem hatte sich das Paar – der achtundzwanzigjährige Edward Mann, ein Baptistenpfarrer, und seine vier Jahre ältere Frau, ebenfalls eine fromme Christin – mit dem *German-Jewish Aid Committee* in Verbindung gesetzt. Es folgte ein sechsmonatiger Briefwechsel, der die Aufnahme eines jüdischen Kindes vorbereitete.

Viele Zeitungen hatten ähnliche Berichte wie den gebracht, den Reverend Mann seiner Frau vorgelesen hatte. Das war kurz nach der Kristallnacht gewesen, als in der Weltöffentlichkeit Entsetzen über die Taten eines Volkes herrschte, das sich trotz einer alten, auf Christentum und Humanismus gründenden Kultur schockierend barbarisch verhalten hatte. Nirgends war ausführlicher über die Untaten berichtet worden als in der britischen Presse. Jetzt stand fest: Das Dritte Reich beschritt einen finsteren Pfad, auf dem es keine Umkehr gab.

Die wüsten Ausschreitungen der Kristallnacht hatten die britische Regierung zu guter Letzt dazu gebracht, sich mit der Flüchtlingsfrage auseinanderzusetzen. Innenminister Sir Samuel Hoare verkündete, daß Flüchtlingskinder aus Europa mit sofortiger Wirkung keine Visa und Pässe mehr brauchten. Nötig war nur noch ein einfaches Reisepapier. Endlich konnte die Ausreise von Kindern und Jugendlichen aus Deutschland und Österreich, für die die jüdischen Organisationen in Großbritannien sich so sehr eingesetzt hatten, im großen Maßstab beginnen. In den Monaten vor Ausbruch des Zweiten Weltkriegs im September 1939 entrannen fast 10000 Kinder – davon die meisten, aber nicht alle, Juden – der Unterdrückung durch die Nazis und gelangten sicher nach Großbritannien. Sie kamen mit den sogenannten Kindertransporten.

Schließlich bot man den Manns ein Mädchen an, aber als diese erfuhren, daß es mit seiner Mutter eintreffen sollte, schrieben sie an das *German-Jewish Aid Committee*, daß sie lieber ein Kind hätten, das niemanden mehr hatte, der für es sorgen konnte. Daraufhin fragte das Komitee an, ob sie sich zweier kleiner Mädchen aus einem Münchner Waisenhaus annehmen wollten, die dringend der Fürsorge bedurften. Irene machte sich sofort Sorgen wegen der zusätzlichen Kosten. Darum schrieb das Paar zurück, daß es lieber eines der Mädchen nehmen wolle, die, so hatte man ihnen gesagt, Susi und Lotte Bechhöfer hießen.

Als die Manns Fotos der beiden Schwestern bekamen, bestätigte sich Irenes Verdacht, daß es sich um Zwillinge handelte. Aber nachdem sie sie gesehen hatte, verwarf sie den Gedanken an eine Adoption nicht gleich, sondern bat ihren Mann, eine Entscheidung zu treffen. Beide waren der Meinung, daß sie die Mädchen nicht auseinanderreißen sollten. Darum schrieben sie nach langem Überlegen zurück, daß sie alle zwei nehmen würden.

Was die Manns während des ganzen Briefwechsels jedoch nicht wußten, war, daß der *Central British Fund for World Jewish Relief* (CBF), der für die Finanzierung der Kindertransporte zuständig war, in verzweifelten Geldnöten steckte. Da der CBF mit Anfragen überschwemmt wurde und der Pleite nahe war, wandte sich der ehemalige Premierminister Stanley Baldwin, jetzt Graf Baldwin, über den Rundfunk an die Bevölkerung, um sein Ansehen in die Waagschale zu werfen. Mit Unterstützung der BBC rief er das britische Volk auf, den Opfern einer Katastrophe zu Hilfe zu eilen. »Es geht um kein Erdbeben, keine Überschwemmung und keine Hungersnot«, erklärte er, »sondern um den Ausbruch von Unmenschlichkeit von Menschen gegen Menschen.«

Die Öffentlichkeit reagierte großzügig und spendete dem *Central British Fund* über eine halbe Million Pfund Sterling. Die Rundfunkansprache war ein solcher Erfolg, daß sie zu einer Art Hit wurde, als man sie für acht Shilling pro Stück auf Schallplatte vertrieb, was weitere Mittel einbrachte. Den größten Teil der Gesamteinnahmen wendete man für den Unterhalt der Flüchtlinge auf, dessen Kosten das *German-Jewish Aid Commitee* auf unter ein Pfund pro Kind drückte.

Das Verständnis der britischen Regierung bedeutete jedoch nicht, daß sämtliche amtlichen Prozeduren über Bord geworfen waren. Man mußte noch immer zahlreiche Papiere vorlegen. Sobald die Anträge in London bearbeitet waren, wurden sie ans Deutsche Reich zurückgeschickt. Dort wurden manche Formulare von der deutschen oder österreichischen Polizei einfach mit dem Stempel »Abgewiesen« in großen schwarzen Lettern versehen – meist ohne ersichtlichen Grund. Wenn das der

Fall war, so war das Schicksal des betreffenden Kindes auf einen Schlag besiegelt.

Das *German-Jewish Aid Committee* war von der Last seiner Aufgabe fast überfordert. Jeden Monat brachen eintausend Kinder auf, und durchschnittlich fuhren pro Woche zwei Transporte aus verschiedenen europäischen Hauptstädten ab. Und die Nachfrage ließ nicht nach. Im Gegenteil: Da der Krieg immer unausweichlicher wurde, wollten immer mehr Eltern ihre Kinder unbedingt evakuieren. Jede Woche trafen fünftausend Briefe im Hauptsitz der Organisation ein, der nahezu im Chaos versank. In Deutschland und Österreich war es noch schlimmer. Dort wurden die Vorbereitungen für die Abreise fast immer in letzter Minute getroffen. Die Auswahl für einen bestimmten Transport war eine Angelegenheit des Zufalls.

Trotz dieser großen Schwierigkeiten sollte der Generalsekretär des *Refugee Childrens Movement*, des Kinderflüchtlingskomitees, später sagen: »Es ist kein Geringes, in diesen Jahren unvergleichlichen Leidens zehntausend Kindern die Möglichkeit verschafft zu haben, in einem normalen, anständigen Klima aufzuwachsen, zu lernen, zu spielen, zu lachen und glücklich zu sein und ihr berechtigtes Erbe als freie Menschen anzutreten.« Doch würde es den Bechhöfer-Zwillingen, die bald in England eintreffen sollten, bestimmt sein, in einer solchen Umgebung aufzuwachsen?

Die Mitglieder des Komitees sollten beim Durchgehen der Papiere künftiger Pflegefamilien nach jüdischen Eltern der gehobenen Mittelschicht suchen, vorzugsweise Berufstätigen, die bereits eigene Kinder hatten. Idealerweise sollten sie auf dem Land leben, fern den Verlockungen des Stadtlebens. Wenn sie obendrein deutsch sprachen, eigneten sie sich ohne Einschränkungen als perfekte Pflegeeltern und wurden ohne Zögern angenommen.

Natürlich entsprachen nur wenige Bewerber diesen Anforderungen, und ganz gewiß nicht Reverend Mann und seine Frau Irene, so sehr sie sich auch auf anderen Gebieten auszeichnen mochten. Sie gehörten beide der unteren Mittelschicht an. Ihr Haus konnte man kaum als auf dem Land liegend bezeichnen, da es nur einen Katzensprung von der Stadtmitte Cardiffs entfernt lag. Außerdem hatten sie zu ihrem großen Bedauern keine eigenen Kinder. Und was das Deutsche betraf, so brachte keiner von ihnen auch nur halbwegs einen Satz zustande. Vor allem aber waren sie nicht nur keine Juden, sondern Edward Mann überdies ein Baptist der nonkonformistischen, fundamentalistischen Richtung, dessen Ruf als Lehrer des Neuen Testaments und mitreißender Evangelienprediger ständig wuchs. Da sich aber nicht genug Juden als künftige Pflegeeltern meldeten, wurde das Paar trotz aller offensichtlichen Mängel zu seiner großen Freude angenommen.

»Mein Mann verabscheut das Zeitalter Viktorias zwar«, pflegte Irene zu sagen, »aber er hätte trotzdem gut hineingepaßt.« Sie hatte recht. Edward Mann war in einer eng umgrenzten, geordneten Welt voll Frömmigkeit aufgewachsen und lebte noch immer darin. Alles, was er tat, drehte sich um sein Priesterdasein. Er führte ein umtriebiges Leben, denn neben seinen übrigen Verpflichtungen mußte er jeden Sonntag zwei lange Predigten halten. Dieser Aufgabe entledigte er sich voll Elan und gestikulierte von der Kanzel aus heftig mit den Armen. Dann mußte er Bibelstudien leiten, Versammlungen vorsitzen und gemeinsam mit Irene den Mitgliedern seiner Gemeinde mit Rat zur Seite stehen, sobald es nötig war. Reverend Mann glaubte zwar ohne Zweifel an die Heilige Schrift, doch die christliche Vorstellung von Demut schien ihm nicht viel zu sagen. Er war vielmehr eine starke, dominante und für die vielen Menschen, die seinem Bann erlagen, charismatische Persönlichkeit. Was Edward Mann wollte, das bekam er für gewöhnlich auch.

Von dieser Regel gab es jedoch eine bemerkenswerte Ausnahme. Seine Frau und er hatten sich jahrelang erfolglos bemüht, Kinder zu zeugen. Edward Mann war über das Ausbleiben eigener Kinder dermaßen frustriert, daß ihn der Gedanke jeden Tag seines Lebens quälte. Mit der Zeit war er sogar praktisch außerstande, einen Gottesdienst mit dem Segen für ein Neugeborenes zu halten. Über seine Kinderlosigkeit erbost, war er manchmal fast so weit, die Faust gegen Gott zu schütteln. Darum überrascht es nicht, daß in der Ehe, auch wenn das Paar oft herzlich lachte, unterschwellig stets eine gewisse Spannung herrschte. Der begabte Bibellehrer war wütend. Seiner Meinung nach hätte seine Frau ihm einen Sohn schenken müssen. Hatte sie sich also nicht eines einzigartigen Verstoßes gegen ihre Pflicht ihm gegenüber schuldig gemacht?

In dieser Familie sollten die Bechhöfer-Mädchen die entscheidenden Jahre ihres Lebens verbringen. Alice Bendix' Plan, sie in Kalifornien unterzubringen, war in letzter Minute gescheitert. Trotzdem durften die Kinder sich zu den Glücklichen zählen, denn man hatte für sie statt dessen zwei Plätze auf einem Kindertransport nach London gefunden. Ähnliches ließ sich über etwa zwanzig weitere Kinder aus dem Antonienheim nicht sagen: Ihnen gelang es nie, die Grenzen Deutschlands hinter sich zu lassen. Der kühne Wahlspruch damals hatte gelautet: *Save the Children* – »Rettet die Kinder.« Die Nächstenliebe, die unter diesem Motto geleistet wurde, war zu einem verzweifelten Befreiungsversuch geworden. Bei allem Wohlwollen konnte jedoch nicht jedes Kind gerettet werden.

Am 18. Mai 1939 fuhr der Zug mit Susi und Lotte Bechhöfer in den Londoner Bahnhof Liverpool Street ein. Die Zwillinge waren sechsunddreißig Stunden lang unterwegs gewesen und hatten ihren dritten Geburtstag auf dem Kindertransport verbracht. Mit Namensschildern um den Hals, jede mit einem kleinen Koffer in der einen und einem Kuscheltier in der anderen Hand, kamen die verwirrten Mädchen auf dem Bahnsteig der riesigen Endstation an. Eine Freiwillige in München hatte ihnen mit einiger Mühe erläutert, daß sie das Waisenhaus verlassen und auf eine lange, ganz besondere Reise gehen würden – was beiden noch nie passiert war. Aber als Erklärung dafür, daß sie sich jetzt an einem fremden Ort befanden, wo alle eine fremde Sprache benützten, reichte das natürlich nicht.

Kaum waren Susi und Lotte ausgestiegen, sah man sie offenkundig betrübt am Bahnsteig laufen, ein mitleiderregender Anblick, wie sie sich mit ihrem Gepäck abkämpften und sich dabei entschlossen an den Händen hielten. Von den freundlichen Frauen des *Refugee Childrens Movement* vorangeschoben, stolperten sie unter Tränen in einen großen, schwach erhellten Raum. Dort waren Frauen mit Listen, die mit einiger Mühe Nachnamen aufriefen und die einhundertsechzig Neuankömmlinge sortierten.

Das Flüchtlingskomitee hatte sich in einem Verschlag neben einem Taxistand am Ende des Bahnhofs eingerichtet. Auf der einen Seite befanden sich Stühle und Bänke für die Kinder, die in Pensionen und Lager kommen sollten, auf der anderen solche für Kinder, denen man bereits Pflegeeltern zugewiesen hatte. Dort mußten Susi und Lotte Platz nehmen, wenn sie auch nicht wußten, warum.

»Dort fand ich die beiden Kinder, kleine Knirpse, deren Beine von der Bank baumelten, auf die man sie gehoben hatte«, erinnert sich Irene Mann, die von Cardiff angereist war, um die Zwillinge vom Zug abzuholen. Reverend Mann hatte sie nicht begleiten können, weil er an diesem Tag eine wichtige Beerdigung hatte.

> Sie sahen sehr verwirrt und sehr benommen aus und fragten sich wohl, wo sie waren. Sie waren unterschiedlich gekleidet. Sie sahen nicht wie eineiige Zwillinge aus. Es muß ihnen alles sehr seltsam vorgekommen sein, sie wußten nicht, wie ihnen geschah. Ich streckte ihnen meine Hand hin und sagte: »Kommt!« »Nein«, antworteten sie und schüttelten den Kopf. Na, dachte ich, das fängt ja gut an. Ich ging also wieder zu der verantwortlichen Dame hinüber und sagte: »Würden Sie bitte mitkommen und mit ihnen reden? Beruhigen Sie sie. Erzählen Sie ihnen, was ich mit ihnen vorhabe.« Und Lotte fragte die Dame: »Gehen wir heim?« Worauf diese antwortete: »Wenn ihr euch von der Frau an der Hand nehmen laßt, dann bringt sie euch heim.« Darauf sprangen sie von der Bank, streckten die Hände aus – ich sehe es noch vor mir – und kamen ohne Schwierigkeiten mit. Das ging mir sehr nahe. Ich wollte sie einfach aufheben und mit ihnen fortlaufen.

Irene gab ihrem Impuls jedoch nicht nach. Als alles geregelt war, fuhr sie mit den Mädchen quer durch London und nahm einen Zug nach Wales. Die Zwillinge waren zwar ärmlich gekleidet, aber makellos sauber in London angekommen. Wichtiger noch: Irene hatte erfahren, daß sie sich auf der langen Reise untadelig benommen hatten. Da sie sich mit ihren Pflegekindern nicht unterhalten konnte, tröstete sie sich damit, daß sie ihnen zumindest die Brotzeit anbieten konnte, die sie mitgebracht hatte. Die Mädchen verbrachten die meiste Zeit damit, die üppig grünende Landschaft zu betrachten, und ein paar Stunden später waren sie in Cardiff.

»Als sie zu uns nach Hause kamen«, erzählte Reverend Mann später, »habe ich sie natürlich schon erwartet. Ich habe mich auf der Stelle in sie verliebt. Es waren wirklich ganz reizende Kinder.«

Als Susi und Lotte am ersten Abend ihres neuen Lebens bettfertig gemacht wurden, stellte sich heraus, daß sie tatsächlich sehr schwach waren, vor allem Susi. Sie war so dünn geworden, daß die Manns mit Leichtigkeit sämtliche Rippen zählen konnten. Lotte, die etwas zäher wirkte, schien auch nicht viel mehr Fleisch auf den Knochen zu haben, war aber vier Zentimeter größer. Die Manns holten einen Arzt, der ihnen erklärte, daß Susi und Lotte aufgrund der Mangelernährung möglicherweise rachitisch werden könnten. Da die beiden Mädchen an Kalziummangel litten, seien die Knochen in ihren Beinen bei weitem nicht so stark, wie sie sein sollten.

Vor Eintreffen der Zwillinge hatten sich die Manns mit den Vellishs, einem jüdischen Flüchtlingsehepaar aus Wien, angefreundet. Diese Verbindung erwies sich als von unschätzbarem Wert. In den folgenden drei Monaten kam Frau Vellish nämlich jeden Morgen und erklärte den Mädchen auf deutsch, was Irene am jeweiligen Tag mit ihnen vorhatte. Außerdem brachte sie ihnen die ersten Brocken Englisch bei. Die Zwillinge faßten bald Zutrauen zu ihr und mit der Zeit auch zu ihren Pflegeeltern.

Im ersten Sommer stürzte Irene sich mit großem Schwung und Begeisterung in ihre neue Mutterrolle:

Nachmittags ging ich mit ihnen aus. Ich mußte mir einen Doppelkinderwagen besorgen, weil man unmöglich normal mit ihnen spazierengehen konnte: Ihre Beine waren einfach zu schwach. Ich setzte sie nebeneinander und sagte mir: »Mir doch egal, was die Leute denken – so kriegen sie wenigstens frische Luft.« Zwei Kilometer weiter hatten wir einen Park, in dem wir die Enten füttern gingen. Dort zeigte ich auf die Blumen und redete Englisch mit ihnen. Im Handumdrehen hatte ich die Kinder liebgewonnen. Ich merkte aber, wie wichtig es war, daß wir uns ihnen nicht aufdrängten, sondern sie nach und nach für uns einnahmen. Alles schien gutzugehen, denn sie waren den ganzen Tag lang fröhlich.

Die neuen Pflegeeltern nahmen an den Mädchen bald dieselben Charakterzüge wahr, die schon im Antonienheim aufgefallen waren. War Lotte herzlich und offen, so war Susi eindeutig schüchterner und mehr in sich gezogen. »Die Zwillinge waren so gegensätzlich«, erinnert Irene sich. »Sie standen sich auch nicht sehr nahe. Einmal habe ich im Garten beobachtet, daß Lotte ihre Arme um Susi gelegt hatte. Sie wiegte sie und sagte halb auf englisch, halb auf deutsch: ›Susi, my Susi, meine Schwester, meine lovely sister …‹ Und Susi saß da wie versteinert, ließ es einfach mit sich geschehen und wartete offenbar auf ein Ende der Qual.«

Während die Zwillinge ihren ersten Herbst in Wales verbrachten, brach der Krieg aus. Ihr Englisch wurde zwar immer besser, ihr Gesundheitszustand hingegen nicht. In den folgenden vier Monaten erkrankten beide viermal an Bronchitis, was der Hausarzt auf die Klimaumstellung von München nach Wales zurückführte.

»Meine Frau tat alles, damit ihr Zustand sich verbesserte und sie zu Kräften kamen«, berichtet Reverend Mann. »Ein Jahr oder sogar länger stand sie jeden Morgen um halb sechs Uhr auf und preßte eine Orange aus. Dann brachte sie den Kindern den Saft ans Bett. Die tranken ihn gleich und freuten sich. Das schien ziemlich gut anzuschlagen, denn sie wurden ganz allmählich kräftiger.«

Einen Tag, nachdem sie ihr neues Zuhause bezogen hatten, waren die Kinder bereits mit neuer Garderobe ausgestattet. Die schweren deutschen Stiefel und die dicke weiße Baumwollunterwäsche, mit denen sie gekommen waren, verschwanden unauffällig. »Ich dachte mir, ich müßte sie so englisch wie möglich ausstaffieren, damit sie von den anderen Kindern leichter angenommen würden«, erinnert ihre Pflegemutter sich. »Wir kauften ihnen eine komplette neue Garderobe, zogen sie aber immer gleich an.«

Ein paar Monate vor dem Eintreffen der Zwillinge hatte das *Refugee Childrens Movement*, das die Flucht der Kinder organisierte, die Manns zu einem Gespräch nach London gebeten. Umständlich legte man ihnen die Besorgnis dar, die Kinder könnten getauft werden. Sei das, so hieß es, bei einem Baptistenpfarrer als künftigem Vater nicht zwangsläufig so? Reverend Mann mußte rasch einen Vortrag über die Gepflogenheiten der Baptisten halten. Im Unterschied zu der herrschenden Meinung, erläuterte er, tauften sie keine Kinder auf den christlichen Glauben. Das hätten sie nie versucht. So konnte er das Komitee beruhigen, daß keine Gefahr bestand, daß die Schwestern im Namen Jesu Christi getauft würden. Mit einem Seufzer der Erleichterung erklärte das Komitee seine Zweifel als zerstreut.

Alle nichtjüdischen potentiellen Pflegeeltern mußten

versichern, daß sie nicht versuchen würden, ihre Pflegekinder zu bekehren. Ja, man verlangte von ihnen, daß sie sich möglichst bemühten, ihre jüdische Identität zu bewahren. Auch hierin konnten die Manns das Komitee zufriedenstellen. Allerdings hielten sie zwar ihr Versprechen, die Kinder nicht zu taufen, doch ihre jüdische Identität konnten sie nicht so recht erhalten. Denn sobald die Zwillinge den Fuß über die Schwelle ihres neuen Zuhauses gesetzt hatten, wurden ihre jüdischen Wurzeln stillschweigend vergessen und nie wieder erwähnt. Für die Manns bestand kein Zweifel: Susi und Lotte sollten als Christen aufwachsen, in die Sonntagsschule gehen und an den vielen Unternehmungen der Kirche teilnehmen.

Schon bald verblaßten in ihrer Erinnerung die alten hebräischen Lieder, die die Mädchen im Waisenhaus so oft gehört hatten. An ihre Stelle traten die Hymnen und kraftvollen Gesänge der walisischen Baptistensektion, deren Prediger häufig Finsternis, Tod und Höllenfeuer auf den Lippen führte. Er war jetzt ihr Vater. Reverend Mann verspürte nicht die geringste Neigung, auszuposaunen, daß er und seine Frau jüdische Kinder aus Deutschland aufgenommen hatten.

Susi und Lotte hatten zwar das Glück, mit dem Leben davonzukommen, trotzdem hatten sie in ihrem zarten Alter bereits viel verloren. Von ihrem Vater schon vor der Geburt verleugnet, hatten sie zu ihrer leiblichen Mutter nur wenig Kontakt gehabt. Natürlich war ihnen das Antonienheim vertraut gewesen und hatte ihnen eine gewisse Sicherheit geschenkt. Aber jetzt gab es auch das nicht mehr für sie. Und im Laufe der Monate ließ unvermeidlich auch der Halt in ihrer Muttersprache nach. Gleichzeitig ließ man auch ihre jüdischen Wurzeln unauffällig in Vergessenheit geraten. Blieb den Zwillingen da noch etwas, das man ihnen hätte nehmen können?

Und ob. Denn jetzt wurde auch noch ihre amtliche Identität umgewandelt. Alles geschah mit Vorbedacht. Sie hätten es selbst damals natürlich nicht verstanden, aber als sie in Cardiff ankamen, waren die Namen, die man ihnen bei der Geburt gegeben hatte, bereits aus dem Register gelöscht: nicht offiziell, doch sehr wohl in den Gedanken ihrer Pflegeeltern. Tatsächlich dauerte es fast zwei Jahrzehnte, um den Vorgang abzuschließen, aber die dahingehende Absicht wirkte sich von Anfang an aus. Die Manns redeten sich mühelos ein, nur die besten Absichten zu hegen und zum Besten der Zwillinge zu handeln. Auf keinen Fall, so einigten sie sich schnell, wollten sie, daß die Mädchen verfolgt oder gestraft würden, weil sie Namen hatten, die offenkundig nicht englischen Ursprungs waren. Allein der Gedanke daran, sie deswegen Gefahren auszusetzen, war völlig ausgeschlossen, da Großbritannien und Deutschland jetzt im Krieg gegeneinander standen.

Aber anstatt Lotte schlicht und einfach Lottie und Susi Susan zu nennen, entschlossen die Manns sich zu einer radikaleren Lösung. Den beiden völlig neue Namen zu geben, kam ihrer Absicht sehr viel näher – die Vergangenheit der beiden Mädchen vollständig auszuradieren. Die zwei sollten ein neues, nichtdeutsches und nichtjüdisches Leben bekommen, völlig unbeeinträchtigt von ihrer unliebsamen Vergangenheit in Mitteleuropa. So wurde Lotte zu Eunice Mary und Susi zu Grace Elizabeth, ein Name zu Ehren der christlichen Tugend der Gnade.

Da es den Manns sehr darauf ankam, vor den neugierigen Augen der Welt das Idealbild einer glücklichen Familie abzugeben, erschien es ihnen unumgänglich, sämtliche Verbindungen mit den Verwandten der Bechhöfer-Mädchen zu begraben. Allen, die sich erkundigten, erteilten die Manns eine Abfuhr. Es sei kaum etwas bekannt: Das Waisenhaus in München sei drei Wochen nach Ankunft der Zwillinge in Cardiff abgebrannt und sämtliche Unterlagen mit ihm.

Die Phantasievorstellungen der Manns gingen jedoch noch weiter. Der Pfarrer wurde nämlich sehr wütend, wenn jemand auch nur andeutete, Grace und Eunice könnten nicht sein eigen Fleisch und Blut sein – und dies trotz des Umstands, daß es sich kaum erklären ließ, woher plötzlich zwei dreijährige Mädchen kamen. Er behauptete seinen Anspruch auf die eigene Vaterschaft mit solcher Vehemenz, daß es manchmal den Anschein hatte, als glaube er selbst daran. Und wenn ab und zu die eine oder andere Notlüge erforderlich war, um die aufs äußerste verteidigte Legende aufrechtzuerhalten, so war das auch nicht schlimm. Denn geschah dies nicht alles zum Besten der Mädchen?

Für Susi, der Reverend Mann jetzt immer mehr Zeit widmete und eine immer größere Zuneigung entgegenbrachte, die mitunter besitzergreifende Züge annahm, hätte die Sache nicht klarer sein können. »Vergiß eines nie. Dann machst du nichts falsch«, flößte er der schwächeren seiner beiden Schutzbefohlenen immer wieder ein. »Du heißt Grace Elizabeth Mann und gehörst mir.«

3. HAUSREGELN

In Cardiff zerriß man sich bald die Mäuler. Zumindest empfanden es Reverend Mann und seine Frau so. Ohne daß sie es wußten, hatten die Leute fast zwei Jahre lang getratscht, nachdem die Manns die beiden Flüchtlingskinder aus Deutschland aufgenommen hatten. Vielleicht waren sie naiv gewesen, als sie geglaubt hatten, sie könnten erreichen, daß ihre Pflegetöchter sich nicht von den anderen Kindern in der Nachbarschaft unterscheiden und sich ohne viel Aufhebens in das Leben in Wales integrieren ließen. Kurzum, sie hatten eifrig gehofft, daß keiner mit dem Finger auf die Zwillinge zeigen, ihre Herkunft in Frage stellen oder diese sich von Gleichaltrigen abheben würden. Diese Erwartung sollte rasch enttäuscht werden.

Die kleine Eunice hatte, als sie fünf Jahre war, als erste die Katze aus dem Sack gelassen. Während Irene Mann sie nach dem Baden abtrocknete, schaute Eunice ihr fest in die Augen, so daß klar war, daß sie sich über etwas vergewissern wollte.

»Mami«, fragte sie, »was sind Deutsche?«

Das war genau die Frage, die Irene nie zu hören gehofft hatte. Sie versuchte Haltung zu bewahren und die Sache abzutun. »Warum fragst du?« erwiderte sie so beiläufig sie konnte.

»Weil in der Schule ein Mädchen sagt, daß wir Deutsche sind. Ihr Vater meint, weil wir Krieg mit Deutschland haben, sollten wir in unser Land zurückgehen.«

Edward Mann war natürlich wütend, als er am gleichen Abend beim Nachhausekommen von der Sache erfuhr. Eunice' unschuldige Neugier drohte alles zu untergraben, was er für die Zwillinge aufbauen wollte. Für ihn waren die Pflegschaft und Adoption so etwas wie Staatsgeheimnisse und nicht für die Öffentlichkeit bestimmt. Die Hänselei war zwar nur von einer Fünfjährigen gekommen, aber wie diese selbst sagte, wiederholte sie nur, was daheim geredet wurde – und woanders vielleicht auch. Als entschlossener Charakter hatte Reverend Mann keinen Zweifel, was es zu tun galt: Wenn seine Kinder nicht problemlos mit den anderen Kindern verkehren durften, mußten sie die Schule wechseln.

»Also gut«, brüllte er. »Die Schule ist zu nahe bei uns daheim und zu nahe bei der Kirche, wo alle wissen, wer sie sind und was sie sind.«

Binnen einer Woche gingen Eunice und Grace auf eine nicht ganz billige private Schule, die ein Stück weit weg lag. Die Manns sorgten dafür, daß die Zwillinge täglich in die Schule gefahren und wieder abgeholt wurden. Sie waren sich sicher, daß der finanzielle Aufwand, der zu den Schulgebühren hinzukam, die Mühe lohnte, und schon bald blühten die Mädchen in ihrer neuen Umgebung auf. Dort wußte niemand etwas über die Hintergründe.

Ein Schulwechsel ist jedoch kein Zaubermittel. Nach zweieinhalb Jahren tauchten wieder Fragen auf, die die Manns für längst erledigt gehalten hatten. Und diesmal fragten die Zwillinge gemeinsam. Sie hatten die Sache eine Zeitlang miteinander besprochen und fragten eines Tages, »ob Mami und Papi wirklich ihre Mami und ihr Papi« waren. Doch im Unterschied zu damals, als Eunice' Frage Irene völlig unvorbereitet getroffen hatte, erfolgte die Antwort diesmal wesentlich überlegter. Irene versprach, ihnen eine Geschichte zu erzählen, sobald sie im Bett lägen. An diesem Abend konnten Eunice und Grace nicht schnell genug in ihre Nachthemden schlüpfen.

»Es war einmal«, fing ihre Mutter an, »ein ganz böser Mann namens Adolf Hitler. Er war der Führer eines Landes namens Deutschland und fügte Männern, Frauen und Kindern alle möglichen Grausamkeiten zu. Er wollte einfach Macht ausüben und war sehr, sehr grausam. Darum schickten die Leute ganz viele Kinder aus Deutschland fort, damit sie ihm nicht in die Klauen fielen. Und ihr beide habt dazugehört. So seid ihr zu uns gekommen – ganz in geregelten Bahnen natürlich –, damit ihr glücklich aufwachsen konntet.«

Bei Eunice, die immer herzlich und fröhlich war, brauchte man nicht weiter nachzuhelfen. Sie krabbelte sofort aus dem Bett und schlang die Arme um ihre Mutter: »Ich bin so froh, daß Gott uns dich und Papi geschenkt hat«, sagte sie voll Freude. »Das ist wunderbar!«

Nach dieser begeisterten Reaktion auf das Märchen konnte Irene leicht glauben, das heikle Problem sei ein für allemal erledigt, und sich erleichtert fühlen, daß es zu keinen peinlichen Fragen über Herkunft, Identität und ähnliches mehr kommen werde. Daß Eunice ihre Zuneigung so deutlich zeigte, rührte sie dermaßen, daß sie kaum auf Grace' Verhalten achtete. Diese zog sich noch mehr als sonst in sich zurück und sagte kein einziges Wort – weder des Danks noch des Vorwurfs. Doch, so sagte Irene sich, war dies typisch für Grace, die ihre Gefühle immer unter Verschluß hielt.

Im Frühling 1945 hatte Deutschland endlich kapituliert; die Städte waren zerbombt. Hitlers Unrechtsregime war vorbei. Wie alle übrigen kriegsmüden Briten freuten Reverend Mann und seine Frau sich auf eine lange Zeit voll Frieden und Stabilität. Leider konnten die Manns sich jedoch nicht im Glanz des gewonnenen Krieges sonnen, sondern mußten einen anderen grausamen Kampf aufnehmen: nicht auf dem Schlachtfeld, sondern am Krankenbett.

Die Sache fing ganz harmlos an. Als die Zwillinge 1938 ankamen, war Eunice etwas größer als Grace gewesen. Mit den Jahren hatte Grace langsam, aber stetig die Lücke geschlossen und ihre Schwester inzwischen überholt. Die Manns maßen dem keine große Bedeutung zu, da sie wußten, daß man nicht voraussagen kann, wie schnell Kinder wachsen. Auch die Zwillinge kümmerte es nicht weiter. Aber dann fiel Grace an ihrer Schwester noch etwas anderes auf. Während sie selbst problemlos zum Schulbus rennen konnte, hatte Eunice oft Mühe, mitzuhalten. Mit der Zeit schienen Eunice' Bewegungen immer unzusammenhängender zu werden, und sie begann eindeutig zu hinken. Auch nachts kam sie nicht mehr zur Ruhe, da sie sich oft erbrechen mußte.

Nacht für Nacht wurde die ganze Familie aus dem Schlaf geschreckt, aber am meisten Sorgen machten sich alle, weil keiner wußte, was Eunice fehlte. Die Manns wußten nicht, was sie tun sollten. »Na komm, Eunice«, sagten sie gelegentlich zu ihr, »das ist wirklich alles nicht nötig.« Sie vermuteten, daß die vielen Veränderungen an ihrem Körper und in ihrem Verhalten, die manchmal recht unmotiviert wirkten, eine psychische Ursache hatten. Sollte dies nicht der Fall sein, so mußten sie davon ausgehen, daß das Mädchen an einer ebenso besorgniserregenden physischen Störung litt.

Tatsächlich hatte Eunice begonnen, sich merkwürdig zu verhalten. Obwohl sie kein kleines Kind mehr war, hatte sie den Drang, ungeniert völlig Fremden unangemessene Fragen zu stellen. So hielt sie es für angebracht, sich zu erkundigen, was die Leute zu Abend zu essen gedachten. Derlei Überspanntheiten brachten Grace darauf, daß ihre Schwester ihr entglitt. Das Schlimmste dabei war, daß sie nichts für sie tun konnte.

Eunice' Schulleiterin war die erste, der klar wurde, daß ihre Schülerin nicht böswillig aus dem Rahmen fiel. »Dieses Kind muß zum Arzt«, sagte sie zu Irene.

So begannen die Manns die Runde von Arztbesuchen, die ihnen bald nur allzu vertraut wurde. Erst suchten sie einen Allgemeinarzt auf, dann einen zweiten. Danach einen Kinderarzt, gefolgt von einem weiteren. Die Belastung der Familie vergrößerte sich dadurch, daß Grace jedesmal mitkommen und die Tests zum Vergleich machen mußte, damit man feststellen konnte, ob die Diagnose sich mit der vorangegangenen deckte. Immer wieder schüttelten die Ärzte nachdenklich den Kopf und schlugen weitere Testreihen bei einem anderen Fachmann vor. Trotzdem war lange Zeit niemand in der Lage, das Problem dingfest zu machen.

Schließlich wurde Eunice einem bedeutenden Neurochirurgen vorgeführt. Von ihm erhielt die Familie die Diagnose, vor der alle sich gefürchtet hatten. Eunice war kaum neun Jahre alt und hatte die gräßlichen Tests der Reihe nach ohne großes Klagen ertragen: Sie wies sämtliche klassischen Symptome eines bösartigen Gehirntumors auf.

»Es läßt sich kaum schildern, wie uns zumute war«, erzählte Irene später. »Wir waren völlig niedergeschlagen. Es war so, als hätte man uns den Boden unter den Füßen weggezogen.«

Professor Lambert-Rogers vom Krankenhaus in Cardiff ließ keinen Zweifel aufkommen: Es mußte dringend operiert werden. Die Manns schöpften Kraft aus ihrem Glauben und nahmen es hin, daß ihnen keine andere

Wahl blieb: Es ging um Leben und Tod. Also gaben sie ihre schriftliche Einwilligung in die Operation.

Als Eunice nach einer mehrstündigen Operation wieder zu sich kam, reagierte sie panisch. »Mami, Mami«, rief sie laut, als sie spürte, daß Irene neben ihrem Bett saß. »Ich bin blind. Ich kann dich nicht sehen. Ich kann nichts und niemanden sehen!«

Das stimmte. Rasch erklärten die Ärzte, daß dies an einem Gehirnschock liege. Genauer gesagt, habe der Sehnerv durch den nachlassenden Druck des Tumors zu funktionieren aufgehört. Aber, so betonten sie, das Mädchen würde binnen vierundzwanzig Stunden sein Sehvermögen wiedergewinnen. Und als Irene am nächsten Tag wiederkam, saß Eunice im Bett und lächelte fröhlich wie immer: Sie konnte wieder sehen. Jetzt allerdings war sie die erste, die feststellte, was für einen schrecklichen Anblick sie bot, in Binden gewickelt und ein riesiges turbanähnliches Ding auf dem Kopf.

Falls die Manns gehofft hatten, mit diesem einen chirurgischen Eingriff sei die Sache erledigt, so wurden sie enttäuscht. Professor Lambert-Rogers teilte ihnen mit, daß eine zweite Operation unabdingbar sei, denn bisher habe man nur ein Stück von der Schädeldecke entfernt, um dem Tumor mehr Platz zu lassen. Als nächstes müsse dieser selbst in Angriff genommen werden.

Diesmal blieb Eunice nach einer schwierigen, vierstündigen Operation drei Wochen lang bewußtlos. Um die Körpertemperatur zu senken, lag das zerbrechliche Mädchen unbekleidet im Bett und war nur mit einem leichten Baumwolllaken zugedeckt. Irene verbrachte jeden Tag an ihrem Bett und hielt Wache. Sie hoffte und betete, daß ihre Tochter entweder die Augen aufschlagen oder, wenn Gott es so wollte, für immer einschlafen würde. Die kleine Eunice muß jedoch entschieden haben, daß ihre

Zeit noch nicht abgelaufen war, denn nach den drei Wochen, die ihrer Familie wie eine Ewigkeit vorkamen, öffnete sie die Augen, blickte auf und lächelte.

Während Eunice noch mit dem Tod rang, kamen die Manns zu dem Schluß, daß man Grace unbedingt aus dieser erstickenden Krankenatmosphäre schaffen mußte. Ihr Arzt stimmte ihnen sofort zu. Sie glaubten, in einem Internat wäre sie glücklicher, da sie dort vorläufig fern von ihrer kranken Zwillingsschwester wäre. Für Grace wäre es gesünder, und Irene könnte ihre Zeit und Energie ganz dem Mädchen widmen, das sie am dringendsten brauchte.

Grace empfand damals nicht zum erstenmal, was Abschiedsschmerz heißt. Wieder mußte sie die ihr vertraute Welt verlassen, die Menschen und Orte, die den Rahmen für ihr Leben bildeten. Sie war zwar sehr bekümmert, als sie allen Auf Wiedersehen sagte, aber noch während ihr Vater sie zu ihrer neuen Schule fuhr, beschloß sie, sich durchzubeißen.

Nach Somerset verbracht, lag Grace in der ersten Nacht in dem kahlen, kühlen Schlafsaal der Park School von Yeovil und fühlte sich verwirrt und einsam. Wieder war ihre ganze Welt auf den Kopf gestellt. Mit der Zeit entwickelte sie jedoch eine Überlebensstrategie: andere zum Lächeln oder gar zum Lachen zu bringen. Zwar schuf sie sich damit natürlich Freunde, und auch einige Lehrer erlagen ihrem Bann – auch wenn sie verzweifelt die Hände rangen, was sie mit ihr anstellen sollten. Doch im Grunde diente all das nur dazu, Aufmerksamkeit zu erregen, und Grace fühlte sich aufgeregt und lebendig, selbst wenn diese Aufmerksamkeit mit einer Strafe verbunden war. Wenn es etwas gab, nach dem sie sich noch mehr sehnte, dann war es, geliebt zu werden.

In den ersten Monaten verbrachte Grace kaum eine ungestörte Nacht. Der unfreiwilligen Internatsschülerin gingen viele Sorgen durch den Kopf, die in der Dunkelheit besonders groß wurden. Ein bestimmter Alptraum kam endlos wieder. Sie träumte, daß man ihr das Augenlicht genommen habe, so wie Eunice ihres für kurze Zeit verloren hatte. Die seltsamen, immer wiederkehrenden Bilder legten ihr nahe, daß es sicher nur eine Frage der Zeit sei, bis auch sie in den Operationssaal gerollt würde. Schweißgebadet wachte sie aus ihrem Halbschlaf auf und verspürte das dringende Bedürfnis, sich von jemandem sagen zu lassen, daß alles nur ein Traum war. Aber in der eng umgrenzten Welt des britischen Internats gab es niemanden, der ihr solch tröstliche Worte gespendet hätte.

Mit den Dienstorten von Reverend Mann wechselten auch Grace' Schulen. Sie kam von Yeovil in ein Haus, das dafür bekannt war, daß es großen Wert auf christliche Ethik legte: die Clarendon School in Nordwales.

Die fünf Jahre, die Grace dort verbrachte, stellten sich als die schönste Zeit ihrer Jugend heraus. Die Schule lag zwar völlig abgeschieden, aber in einer herrlichen Landschaft: umgeben von den sanften walisischen Hügeln mit Blick aufs Meer. Die Einfahrt zu dem Anwesen ging auf eine weite Parklandschaft. Wenn die Eltern ihre Töchter dort hinbrachten, bogen sie von einem langen, gewundenen Weg in diese verborgene Einfahrt ein. Das Nahen des Wagens war immer etwas Aufregendes; es kündigte sich durch das Rattern der Reifen über ein Schafsgitter in der Straße an. Falls den Mädchen dieser Hinweis entging, so blieb ihnen nur selten das Geräusch verborgen, das ein Auto machte, wenn es auf dem Kies vor dem Haupteingang hielt. Betrat der Besucher das Hauptgebäude im

Winter, begrüßte ihn ein Holzfeuer, das unter der schön gearbeiteten Holzvertäfelung flackerte.

Die Regeln in Clarendon waren streng. Die Lektüre der Mädchen beschränkte sich auf christliche und klassische Autoren; von der Außenwelt kam nur sehr wenig hinzu. Man betete regelmäßig, und dabei durfte kein Mädchen fehlen. Für die älteren Schülerinnen gab es zusätzliche Vorschriften, die rigoros durchgesetzt wurden: Tanzen und Schminken waren verboten. Doch trotz der Kargheit und der Unterdrückung natürlicher weiblicher Regungen fühlte Grace sich hier zum erstenmal in ihrem Leben glücklich und frei. Zum großen Bedauern ihrer Eltern war ihr das Lernen allerdings höchst gleichgültig. Sie war viel zu sehr damit beschäftigt, ihre Zeit zu genießen, denn endlich war sie über ihr früheres Gefühl des Ausgestoßen- und Isoliertseins hinweggekommen. Jetzt erfreute sie sich an ihrem neugewonnenen Freiheitsgefühl.

Manners, wie Grace von Freund und Feind gleichermaßen genannt wurde, entpuppte sich schon bald als Persönlichkeit. Sie war jetzt fast elf und schlüpfte aus ihrer Schale, angetrieben von einer Art von Rache und dem Gedanken, verlorene Zeit aufholen zu müssen. Sie benahm sich immer wieder ungezogen und hatte Schwierigkeiten mit den Lehrern. Dabei schuf sie sich schnell den Ruf, schlagfertig und witzig zu sein. Das waren vielleicht nicht unbedingt die Eigenschaften, die ihre Eltern im Sinn gehabt hatten, aber man konnte nicht leugnen, daß Grace in puncto Charakterstärke und Selbstbewußtsein rasante Fortschritte machte.

Wenn die Ferien nahten und sie für ein paar Wochen nach Hause fahren sollte, änderte ihre Stimmung sich jedoch schlagartig; Grace wurde niedergeschlagen. Sie fürchtete inzwischen die Atmosphäre im Haus Mann, vor allem die tägliche Gefahr, einer der donnernden Wuttiraden ihres Vaters zum Opfer zu fallen. Für Reverend Mann galt das Gegenteil. Er freute sich immer ganz besonders auf den Tag, an dem seine Tochter heimkam. Und jedesmal, wenn sie wieder da war, machte er sich umgehend daran, ganz bestimmte Grundregeln zu wiederholen – falls sie ihr während ihrer Abwesenheit entfallen sein sollten. Das Entscheidende dabei hatte sie schon oft gehört:

»Vergiß nicht, Grace, daß du das Wort ›Adoption‹ nie im Mund führen darfst. Das brauchst du nicht. Es ist ein ganz, ganz großes Geheimnis, das du niemandem verraten darfst. Versprichst du mir das? Du gehörst nämlich mir, und alle sollen glauben, daß du mir gehörst.«

Nachdem er den Eid erhalten hatte, den er so dringend verlangte – vor allem, nachdem beide Zwillinge ihn gefragt hatten, ob er und seine Frau ihre wahren Eltern seien –, ließ er die Sache eine Weile auf sich beruhen. Sein Geheimnis schien sicher zu sein.

Edward Mann konnte ausgesprochen gut mit Worten umgehen. So mancher Student in Wightside, dem Predigerseminar am Stadtrand von Manchester, dessen Leiter er nun war, hätte dies bezeugen können. Was Reverend Mann sagte, das meinte er auch. Darum konnte Grace gar nicht anders, als sich selbst als sein persönliches Eigentum zu sehen. Und Irene schien den Besitzanspruch ihres Mannes nicht nur hinzunehmen – nein, sie trug aktiv dazu bei, ihn zu bekräftigen. So unterstrich sie zum Beispiel gegenüber allen Gästen im Haus, daß jede Einladung für Grace, die sie, und sei es nur kurz, von zu Hause wegführte, erst von ihrem Gatten gebilligt werden mußte. Der Reverend ließ sich nur selten dazu herab, ihr eine Ausgangserlaubnis zu erteilen. Im Gegenteil: Er führte ein so strenges Regiment, daß das Leben in der

Schule in Clarendon, trotz aller strengen Regeln, im Vergleich dazu wie ein Ferienlager wirkte.

Zu Hause war Grace wie eine Gefangene im Arbeitszimmer ihres Vaters eingesperrt, denn dort mußte sie nach seinem Gutdünken bleiben. Es war ihr streng verboten, Freundschaften mit Gleichaltrigen zu schließen, ja, sie hatte gar keine Möglichkeit, Verbindungen nach draußen zu knüpfen. Obendrein sollte sie auch keine Zeitungen und Illustrierten lesen. Und in diesem Arbeitszimmer, das vor theologischen Schriften und Bibelkommentaren überquoll, hämmerte Reverend Mann ihr eine weitere Grundregel ein: »Sprich mit niemandem, Grace.« Der gemeinsame Zweck hinter all diesen Verboten lautete schlicht und einfach: Er wollte Grace ganz für sich selbst haben. Im Haushalt der Manns war eine Trennlinie gezogen worden: Während Irene sich um Eunice und deren Bedürfnisse kümmerte, war Edward für Grace' Wohlergehen verantwortlich. Diese Aufgabe nahm er ernst, und es gibt keinen Zweifel, daß viele seiner Regungen ihr gegenüber aufrichtiger Fürsorge und Hingabe entsprangen.

Doch mit den Jahren verrannte der Reverend sich immer mehr in seine Zuneigung zu Grace; sie wurde schließlich zur Besessenheit. Und je tiefer er sich hineinsteigerte, um so abwegiger wurde der Gedanke, sie eines Tages freigeben zu können. Er war ein komplizierter Mann, stolz und sehr gefühlsstark, und erklärte wiederholt, daß er seine Pflegetochter liebe. Diese Liebe war für das Mädchen allerdings eine schwere Last. »Du bedeutest mir soviel«, sagte er zu ihr. »Ich liebe dich so. Du darfst mich niemals verlassen. Du wirst mich doch nie verlassen, Grace?«

Ein Teil von ihr wich vor soviel Inbesitznahme zurück. Von den Forderungen ihres Vaters erstickt, zählte sie stets die Tage bis zu ihrer Rückkehr nach Clarendon. Und doch ließ sich ein anderer Teil von ihr ganz bereitwillig auf seine offenkundige Hingabe ein. Grace verlangte verzweifelt nach Liebe und Zustimmung und hatte daher stets Angst, zurückgewiesen zu werden; schließlich merkte sie, daß seine wiederholten Liebeserklärungen sie allmählich rührten. Sie hatte jemanden gefunden, dem an ihr lag. So hatte sie gelernt, ihr Leben aufzuteilen: in der Schule extrovertiert und herausfordernd, zu Hause zurückgezogen und ganz dem Willen ihres Vaters untergeordnet.

Trotzdem bestand die Beziehung für Grace nicht nur aus Düsternis und Qualen. Sie hatte auch ihre erfreulichen Seiten. Gelegentlich unterstützte der Reverend seine Tochter auch, z. B. wenn sie sich mit Irene angelegt hatte; und hin und wieder schenkte er ihr ein bißchen Kleingeld, das sie für sich selbst ausgeben durfte. Außerdem hatte Grace trotz der Strenge seines Regiments das Gefühl, gut mit ihm auszukommen.

So sehr sie auch fürchtete, ihn zu erzürnen, war sie doch stolz auf ihn, wenn er auf der Kanzel stand und seiner Gemeinde predigte. Seine Reden waren voll Freundlichkeit und christlichem Mitleid. Er beschränkte sich dabei jedoch nicht nur auf Worte, denn schließlich war er ein Mann der Tat. Gegen Ende der dreißiger Jahre, gleich nachdem die Zwillinge sicher aus Deutschland eingetroffen waren, wollte der Reverend noch mehr für die Flüchtlinge tun. Er und Irene hatten dazu beigetragen, daß nicht weniger als zehn weitere Flüchtlinge »Hitlers Hölle«, wie er es stets nannte, entkommen und sich in England und Wales niederlassen konnten. Sechs davon waren Kinder, zwei Ärzte und einer ein hochgerühmter Architekt. Der entschlossene Kampf der Manns für grundlegende Menschenrechte stellte viele jüdische

Familien, die damals in Großbritannien lebten, in den Schatten.

Dennoch bedeutete die Rückkehr nach Clarendon für Grace eine Rückkehr in die Ruhe. Die Gefangene war nun wieder aus dem Arbeitszimmer ihres Vaters befreit. Sie durfte wieder Freundschaften genießen, die zu Hause verboten waren. Grace hatte viele Freundinnen und verbrachte mit ihnen eine herrliche Zeit, auch wenn ihr aufrührerischer Geist oft alle anderen mit in Schwierigkeiten brachte. Einige der Mädchen wußten von Eunice und hatten deshalb Mitleid mit ihrer Freundin. Ihnen war klar, wie schwer es sein mußte, eine Zwillingsschwester zu haben, die todkrank und meistens weit weg war. Aber nicht einmal Grace' engste Vertraute wußte etwas von ihrer dunklen, verborgenen Vergangenheit. Grace hielt das dem Vater gegebene Versprechen und verriet nichts.

Die Schulbehörden hingegen wußten alles über sie. Ihnen war durchaus klar, daß Kinder aus dem Ausland erst im Alter von achtzehn Jahren richtig adoptiert werden durften. Daher hätte das eine Wort Adoption, das den Reverend unter Garantie erzürnte, ihn gar nicht zu beunruhigen brauchen. Wenn überhaupt, so hätte das verbotene Wort »Pflegschaft« lauten sollen, denn die Zwillinge waren nur Pflegekinder. Außerdem hatten die Manns ihnen die Namen Grace Elizabeth und Eunice Mary ganz formlos gegeben; vor dem Gesetz hatten diese Namen nicht die geringste Bedeutung. Das gleiche galt für den Nachnamen der Mädchen. Deshalb bestanden die Namen Susi und Lotte Bechhöfer auf allen offiziellen Papieren weiter, wie Grace bald herausfinden sollte. Diesen Teil des Erbes der Zwillinge hatte der Reverend zu seinem großen Bedauern nicht auslöschen können. Vor dem Gesetz war sogar der charismatische, einflußreiche Prediger machtlos.

Im Sommer 1954 betrat die sechzehnjährige Grace die Schulhalle, um ihre Abschlußprüfung in Englisch zu schreiben. Wie die übrigen paar Dutzend Mädchen, die ebenfalls ihr Examen machen sollten, war auch sie aufgeregt. Da die Mädchen sich in alphabetischer Reihenfolge aufstellen mußten, gesellte Grace sich zu denen, deren Namen mit M anfing, wurde aber sofort beiseite gewinkt.

»Grace, du stellst dich heute zu den Bs«, sagte Miss Weston, eine Lehrerin, die Grace gut kannte, ganz nüchtern.

»Warum?« fragte das Mädchen verwirrt.

»Susi Bechhöfer, so heißt du doch eigentlich«, entgegnete Miss Weston und zeigte auf den fremden Namen, der auf dem Blatt Papier in ihrer Hand stand.

Grace nahm das Stück Papier und erinnerte sich eilends an den Augenblick vor acht Jahren, als ihre Mutter ihr erklärt hatte, warum sie und ihre Schwester Deutschland verlassen hatten und bei ihr und dem Reverend gelandet waren. Da fiel ihr auf, daß sie seither nicht mehr über das Thema geredet hatten. Die Mädchen hatten nicht weiter danach gefragt, und die Manns waren von sich aus auch nicht darauf zurückgekommen.

Während Grace Schulter an Schulter mit Baker und Brown langsam durch den Flur in den Prüfungsraum ging, war sie fassungslos und gedemütigt zugleich: Obendrein hatten alle ihre Freundinnen die Sache mitbekommen. Doch wie in aller Welt sollte sie ihren Klassenkameradinnen ihre Lage erklären? Das Ganze mußte ihrer Beliebtheit Abbruch tun. Undenkbar, die Wahrheit zu erzählen, denn wie oft hatte man ihr eingeschärft, nicht das Geringste über ihre Vergangenheit verlauten zu lassen?

Jedes Jahr zur Zeit der Abschlußprüfungen hatten die

Lehrerinnen auf Clarendon die gleichen Wendungen parat. Vielleicht war es nur Zufall, daß die meisten von ihnen den Ausdruck gebrauchten, die Examina seien für die Mädchen »der Paß der Zukunft«. Trotz des Drucks saß Grace die eineinhalb Stunden ihrer Englischprüfung wie betäubt da und starrte aus dem Fenster: Sie war außerstande, irgend etwas zu Papier zu bringen außer dem seltsam klingenden Namen, den sie von Miss Westons Liste abgeschrieben hatte. Immer wieder betrachtete sie ihn: »Susi Bechhöfer.« Hatte sie diese beiden Wörter nicht schon einmal gesehen, irgendwo zu Hause in einer Schublade, auf einem Heft mit Rationsmarken aus den Kriegsjahren? Und hatte sie die zwei komischen Pünktchen auf dem o nicht auch schon ein paarmal gesehen? Sie war sich nicht sicher. Trotzdem schlug der Name in ihrem Gedächtnis eine schwache und ferne Saite an. Gleichzeitig schwirrte ihr der Name Mann durch den Kopf. So hieß sie, und das ließ sich doch nicht so einfach abtun. Es war, als würde Edward Mann neben Grace im Prüfungsraum sitzen, denn er hätte es selbst nicht treffender sagen können.

Während die Zeit verstrich und Grace kein Wort zu Papier brachte, hatte sie das Gefühl, ganz anders als die übrigen Mädchen zu sein, als hätte ihre heimliche, fast verbrecherische Vergangenheit sie nun endlich eingeholt. Im Unterschied zu den anderen besaß sie offenbar eine doppelte Identität. Die Leiche im Keller, die ihr Vater sich so sehr unter Verschluß zu halten bemüht hatte, war schließlich doch aufgetaucht. Diese Wendung der Dinge war für Grace nicht nur niederschmetternd, nein, sie hätte zu keinem ungünstigeren Zeitpunkt kommen können. Hier saß ein Mädchen, das seinen Paß in die Zukunft nicht erhalten sollte.

Die ganze Prüfung lang dachte Grace über ihre Vergangenheit nach. Einer Sache war sie sich sicher: Susi Bechhöfer zu sein erschien ihr kein bißchen verlockend. Als Grace Mann war auf jeden Fall alles soviel unkomplizierter. Egal, wer sie war und woher sie kam, der Name Susi Bechhöfer half ihr sicher nicht weiter. In Grace' Leben gab es keinen Platz für diesen Störenfried, dessen plötzliches Auftauchen nichts als Ärger verhieß. Der bloße Klang des Namens ließ in Grace' Gedächtnis schmerzliche Erinnerungen aufflackern: Erinnerungen daran, daß ihre Freundinnen sie als »ausländisch« aussehend beschrieben hatten; daran, daß man ihr als Kind erzählt hatte, sie sei aus einem fernen Ort namens München nach Großbritannien gekommen, einem Ort, der in einem schrecklichen Land namens Deutschland lag. Kurzum: je früher Susi verschwand, desto besser. Reverend Manns großes Geheimnis war zwar aufgedeckt worden, aber im Moment war er noch einmal davongekommen. Das hatte er dem Umstand zu verdanken, daß Grace sich weigerte, Susis Vorhandensein anzuerkennen.

Grace' Vergangenheit war nicht das einzige Geheimnis zwischen Vater und Tochter. Auch in anderer Hinsicht hatte sie ihm Verschwiegenheit geloben müssen. Das hatte seinen guten Grund. Er wußte nämlich nur zu gut, daß man ihm nicht nur seinen Predigerkragen herunterreißen, sondern ihn auch hinter Gitter stecken würde, sollte die Wahrheit ans Licht kommen. Denn seit der Diagnose von Eunice' Krankheit war der Leiter des Bibelkollegs nicht in der Lage oder nicht willens gewesen, in Grace noch etwas anderes zu sehen. Sie war für ihn nicht mehr nur ein Mensch, dem er sehr nahe stand, sondern auch ein Sexualobjekt, mit dem er unter Umständen seine Gelüste befriedigen konnte. Hierin lag der wahre Grund dafür, daß er Grace nicht aus seinem Arbeitszimmer lassen wollte, wenn sie zu Hause war. Denn in dem geschlossenen Zimmer konnte er sie auf seine Bedürfnisse abrichten. Und sie wagte nicht, sich zu weigern.

Grace, die noch genau wußte, in welchem Verhältnis sie bis vor kurzem gestanden hatten, versuchte, ihm eine normale Tochter zu bleiben, aber der Reverend hatte die Regeln neu festgelegt. Er verlangte immer mehr und wollte, daß sie ihm Geliebte wie Tochter war.

»Grace, ich darf doch heute nacht zu dir ins Bett kommen, oder?« fragte er ganz selbstverständlich. Grace kam gar nicht erst auf die Idee, sich zu weigern. Und sie dachte auch nicht daran, jemanden um Hilfe zu bitten. Sie hatte nämlich nicht nur furchtbare Angst vor ihrem Vater – ein Blick von ihm genügte, daß sie die Treppe hinaufrannte –, sondern sie war gerade erst neun geworden, als er zum ersten Mal solche Forderungen an sie stellte. Sobald er in ihrem Bett lag, gab er jeden Rest vorgetäuschter Selbstbeherrschung auf.

Wie die schlechte Laune des Geistlichen kam auch sein sexuelles Verlangen aus dem Nichts. Und der Mißbrauch beschränkte sich nicht auf die Nachtstunden. Es geschah vielmehr häufiger bei Tag in seinem Arbeitszimmer wie auch an anderen Orten. Anfangs gehorchte Grace ihm pflichtbewußt, obwohl sie ihn deswegen verabscheute. Als Teenager brachte sie dann wenigstens den Mut auf, ihn zu fragen, warum sie dergleichen Pflichten nachkommen sollte. Die Gründe, die der Reverend ihr darlegte, überzeugten sie, so irrwitzig und hanebüchen sie auch waren, weiterzumachen, denn darauf kam es ihm ja an.

»Wenn du das mit mir machst, Grace«, sagte er etwa, »dann gibst du mir das Gefühl, mein richtiges Kind zu sein. Du weißt doch, daß es zu den größten Tragödien in meinem Leben gehört, daß ich keine eigenen Kinder bekommen konnte. Wenn du das also mit mir machst, dann fühle ich mich dir viel näher.«

Der Geistliche hatte eine Gewohnheit angenommen, der er mit großem Geschick nachgab. Sobald sich eine Gelegenheit bot, mit seiner Tochter intimen Kontakt zu haben, konnte er ihr nicht widerstehen, auch wenn sich beide nicht in der Sicherheit seines Arbeitszimmers befanden. Vielleicht machte die Öffentlichkeit den Mißbrauch auch erregender. Oder sie gab ihm um so mehr das Gefühl, Grace nach Lust und Laune manipulieren zu können. Wie anders sollte man sich erklären, daß ein Baptistenpfarrer seine Tochter im öffentlichen Schwimmbad in Penarth bei Cardiff mißbraucht?

Kein Wunder, daß der Reverend sich auf Grace' Schulferien freute, in denen sie immer nach Hause kam; aber auch sie sah ihnen nicht mit Bangen entgegen. Sobald sie daheim war, wollte er keine Zeit mehr verlieren. Als er sie einmal vom Zug abholte, fuhr er direkt zu einer Apotheke, weil ihm eingefallen war, daß Grace, die in die Pubertät gekommen war, jetzt verhüten mußte.

Kein Wunder, daß der Reverend nie ein gutes Haar an den Jungen ließ, die sich für seine Tochter interessierten. Fast immer hatte er den gleichen Spruch parat, egal wie untadelig Charakter und Erscheinung des jeweiligen Jungen waren: »Nein, Grace, der ist mit Sicherheit nichts für dich. Mit Sicherheit nicht.«

Der Grund für diese ständigen Ablehnungen läßt sich unschwer erraten. Beim bloßen Gedanken, ein anderer Mann könne seine Tochter umwerben, packte den Geistlichen rasende Eifersucht. Er wollte sie ganz für sich haben. Hatte er seine Bedingungen nicht schon vor Jahren klar und deutlich ausgedrückt?

Um sich Grace' Treue zu erkaufen, verließ er sich auf eine mächtige Waffe. Sie bestand in der Drohung: »Denn wenn du nicht tust, was ich sage, Grace, dann ...« Natürlich beendete er den Satz nie. Und das war für Grace das schlimmste: die absolute Ungewißheit über die Strafe, die ihr drohen könnte. Weil sie nicht wußte, welche Repressalien er gegen sie aufbieten konnte, war sie auf ihre üppig blühende Phantasie angewiesen – ganz wie der Hochwürden es beabsichtigte. Würde nicht vielleicht Grace Mann – wie zuvor Susi Bechhöfer – weggeworfen und der Vergangenheit anheim gegeben werden?

Die Strategie des Geistlichen ging auf, denn Grace sagte über ein Jahrzehnt zu niemanden ein Wort über ihre Lage. Diese blieb über all die Jahre ein Geheimnis.

Dann aber begann Grace das, was ihr widerfahren war, mit anderen Augen zu sehen. Ein großer Teil der Wut, die sich seit ihrer Kindheit angestaut hatte, fing an, sich Bahn zu brechen. Trotzdem hatte Grace nicht den Mut, ihrem Vater das Leid vorzuhalten, das er ihr zufügte. Denn Reverend Mann übte weiterhin eine starke, fast hypnotische Kontrolle über jede ihrer Bewegungen aus. Sie war jetzt kein Kind mehr, sondern fast eine junge Frau, bemühte sich aber immer noch vergebens, von ihm freizukommen.

Ihr Abscheu erreichte einen Höhepunkt, als Reverend Mann eines Tages mit Eunice in einem Ton redete, den Grace als bitter und vorwurfsvoll empfand.

»Eunice«, brüllte er, unfähig, die in ihm kochende Wut zu beherrschen. »Du hast Krebs.«

Mit den Tränen kämpfend humpelte Eunice die Treppe hinauf. »Habe ich nicht«, preßte sie mühsam hervor.

Während der Reverend tobte und Grace immer mehr wie ein Tier vorkam, machte Irene sich in der Küche zu schaffen. Das Bild war nur allzu vertraut. Sobald er seine Schläge ausgeteilt hatte, zog er sich reumütig, voller

Schuld und Kummer über das grausame Wüten seiner Zunge zurück. Die Tobsuchtsanfälle des Geistlichen schienen aus dem Nichts zu kommen, aber am Ende war es immer das gleiche: Über dem ganzen Haushalt lag eine dunkle Wolke, so sehr Irene sich auch bemühte, so zu tun, als sei nichts geschehen.

Aus Entsetzen darüber, wie ihr Vater mit ihrer leidenden Schwester umging, hielt Grace es nicht mehr aus. Ohne ein Wort ging sie in sein Arbeitszimmer und wählte die Notrufnummer, um die Polizei zu verständigen. Jetzt würde die Wahrheit über den sexuellen Mißbrauch durch ihren Vater ans Licht kommen. Doch während sie am Apparat war, trat der Pfarrer ins Zimmer. In Gedanken versunken, bemerkte er Grace nicht einmal. Diese legte still auf und schlich sich hinaus: erleichtert und enttäuscht zugleich.

Anschließend grübelte sie lang über den Vorfall nach. Dabei wurde ihr klar, daß es zwei entscheidende Folgen haben würde, wenn sie das Verhalten ihres Vaters anzeigte und eine gerichtliche Untersuchung in Gang brächte. Erstens würde es einen ungeheuren Skandal innerhalb der baptistischen Kirche auslösen. Doch das war bei weiterem Nachdenken kaum ein Grund zur Sorge für sie.

Die zweite Folge hingegen beunruhigte Grace sehr wohl. Wenn Reverend Mann verhaftet würde, dann gäbe es niemanden, der für Eunice sorgen könnte. Und diese zusätzliche Sorge konnte Grace sich nicht auch noch aufladen. Sie erkannte, daß sie den Hörer auflegte, weil ihr ihre Schwester am Herzen lag, nicht, weil ihr ihr Vater leid tat.

Reverend Mann war gerade noch einmal davongekommen: die öffentliche Bloßstellung war ihm erspart geblieben.

4. BESESSEN

Ihre ganze späte Kindheit und Jugend über war Eunice sehr krank. Sie hatte meistens große Schmerzen, und Irene verabreichte ihr die stärksten Arzneimittel, die verfügbar waren, um ihre Leiden zu lindern. Eunice rief oft mitten in der Nacht: »Mami, Mami, ich weiß nicht, wo ich bin.« Sofort erhielt sie den Trost, den sie verlangte. Bis Irene wieder im Bett war, rief Eunice schon wieder ängstlich nach ihr; sie war völlig orientierungslos und hatte die tröstenden Worte ihrer Mutter bereits wieder vergessen. Auch die Tage verliefen nur selten ohne Störung. Das lag in erster Linie daran, daß Eunice jahrelang an Anfällen litt, bei denen sie zu Boden stürzte, ihren Kopf umklammerte und sich vor Schmerzen wand.

Auch damals konnte die Medizin noch keine Wunder bewirken. Denn kaum war Eunice von ihrer zweiten Operation erwacht, rief man ihre Eltern ins Sprechzimmer des Chirurgen. Den Weg dorthin kannten sie nur zu gut. Sie erfuhren, daß der Eingriff nicht ganz zufriedenstellend verlaufen war. Ja, der Chirurg war nicht sicher, ob dies überhaupt je möglich sein würde. Er wollte es jedenfalls ein drittes Mal versuchen.

Jedesmal, wenn Eunice in den Operationssaal kam, trat die treue Tante Flora, die die Zwillinge bei ihrer Ankunft in Wales mit Kleidung ausgestattet hatte, wieder in Aktion. Da Eunice wegen ihres kahlen Schädels sehr verschämt war, nähte sie ihr eine Reihe kleiner Kopfbedekkungen, darunter eine rosa-gelbe Rotkäppchenmütze aus dem gleichen Material und in der gleichen Farbe wie ihre Kleider, damit alles zusammenpaßte. Floras Schneiderkünste wurden oft in Anspruch genommen, da man Eunice insgesamt siebenmal schor. Und immer wieder vergebens.

»Ich werde nie den Tag vergessen«, erinnerte Irene sich, »als die Ärzte nach zehn Tagen in der Klinik mit der Diagnose ›unheilbar‹ zu uns kamen. Auf dem gesamten Nachhauseweg strömten uns die Tränen übers Gesicht. Unheilbar – ein Mädchen, das gerade mal zehn war.«

Die Chirurgen hatten ihr Bestes versucht und waren gescheitert. Jetzt mußten sie sich eingestehen, daß sie nichts mehr tun konnten. Die Patientin durfte nach Hause gehen. Sie brauchte sich keiner Operation mehr zu stellen. Am schlimmsten war jedoch, daß Eunice infolge der Eingriffe stark gelähmt war. Die Behinderung erstreckte sich nicht nur auf ihre Beine, sondern auf ihre gesamte rechte Seite, so daß sie nur den linken Arm richtig benutzen konnte. Deshalb war sie für den Rest ihres Lebens an den Rollstuhl gefesselt. Die Manns stützten sich auf ihren christlichen Glauben und betrachteten das Ganze von der positiven Seite. Wenigstens litt ihre Tochter jetzt keine Schmerzen mehr. Und auch wenn ihr Körper fast nicht mehr funktionierte, war ihr Verstand doch unversehrt – und ihr fröhliches Naturell ebenfalls. Denn sie bewies recht bald, daß sie nicht vorhatte, über ihr Schicksal zu jammern. Ganz im Gegenteil besuchte sie in einem Stadtteilkrankenhaus eine Pfadfinderinnengruppe für Behinderte und fuhr sogar in deren Sommerlager. Dabei schlossen sie alle, die sie kennenlernten, ins Herz. Diese Zuneigung erwiderte sie, wie sie sie gegenüber ihren Pflegeeltern erwidert hatte. Voll Dankbarkeit schlang sie oft ihren gesunden Arm um ihre Mutter und drückte sie fest an sich.

»Vergiß es einfach, Liebes«, erwiderte Irene dann und

versuchte, ihre Rührung zu beherrschen. »Wir freuen uns, daß wir dir helfen können. Wir wünschten, wir könnten dir einen neuen Arm oder ein neues Bein geben.«

Und dann fügte sie noch etwas hinzu, weil sie wußte, daß dies ihre Tochter tröstete und sie zum Lächeln brachte: »Keine Sorge, mein Liebes: Rollstühle und kaputte Arme, die wird's im Himmel nicht geben.«

So rührend Irene sich um Eunice kümmerte, so pflichtvergessen war sie gegenüber Grace. Sie entwickelte zwar ein unheimliches Gespür dafür, nicht da zu sein, wenn ihr Ehemann sich an Grace heranmachte, gelegentlich aber ließ ihre Intuition sie auch im Stich. Mehrmals überraschte sie Vater und Tochter im ungünstigsten Augenblick. Das Ergebnis war, daß bei allen drei Verwirrung und Verlegenheit herrschten. Fast jedesmal schlich Grace sich leise davon, während sich zwischen dem Reverend und seiner Frau ein wütender Streit entspann, so daß das Geschrei im ganzen Haus deutlich zu hören war.

Anschließend hatte Grace nicht ein Wort des Mitleids oder der Unterstützung von ihrer Mutter zu erwarten. Im Gegenteil: wie zuvor schon ihr Vater fiel sie nun der scharfen Zunge Irene Manns zum Opfer. Diese Attacken waren darauf zurückzuführen, daß Irene Mann in ihrer Pflegetochter eine Rivalin erkannt hatte, die ihr die Zuneigung ihres Gatten ernsthaft streitig machte. So sehr die kleine Grace sich bemühte – in den Augen ihrer Mutter konnte sie nichts tun, um die geringste Billigung von ihr zu erfahren.

Irene Mann war Grace vielleicht keine gute Mutter, aber sie hatte es als Ehefrau auch nicht leicht. Nicht nur, daß ihr Mann das Ehebett verlassen hatte, nein, sie wußte auch ganz genau, wo und mit wem er die Nacht verbrachte. So hatte der Reverend die Gewohnheit, während der Schulferien ganz aus dem ehelichen Schlafzimmer auszuziehen und ein Gästezimmer zu benutzen, das ein Stück weiter im Flur gegenüber von Grace' Zimmer lag.

Es überrascht daher nicht, daß Grace keine normale Beziehung zu ihrer Pflegemutter aufbauen konnte. Das gleiche gilt für Irene: Während sie Eunice aufrichtig liebte und umhegte, brachte sie es nur selten fertig, gegenüber Grace Zuneigung zu zeigen. Das hätte ihr Gatte ohnehin nicht erlaubt, da er nicht aufhörte, jedweden Konkurrenten um Grace' Zuneigung auszuschalten. »Manchmal hat man den Eindruck, als wären die zwei ein Liebespaar«, kommentierte Mavis Wainman, eine Bekannte der Familie, die Situation. Diese unschuldig gemeinte Bemerkung muß Grace' Mutter zutiefst gekränkt haben.

Die zerstörerischen unterschwelligen Strömungen im Hause Mann forderten von Irene schließlich ihren Tribut. Eunice Tag und Nacht zu pflegen war an sich schon zermürbend. Darüber hinaus jedoch mußte die Frau des Reverend auch noch zur Beratung von Studentinnen am Bibelkolleg zur Verfügung stehen, von denen viele mit ihr über ihre persönlichen Probleme reden wollten. Dieser Rolle wurde sie mit großem Geschick und Einsatz gerecht. Aber da sie niemanden hatte, der ihr bei ihren eigenen Schwierigkeiten hätte raten können und sie die dunklen Geheimnisse ihrer Ehe nicht preisgeben wollte, litt sie immer stärker unter Streß; sie bekam Anfälle, bei denen sie hyperventilierte und mit hysterischen Lähmungen zu Boden fiel. Schon bald war auch sie ans Bett gefesselt. Die Diagnose lautete: nervöse Erschöpfung.

So fremd Mutter und Tochter einander auch waren,

eines hatten sie gemeinsam: Beide konnten sie niemandem ihre Isolation mitteilen – schon gar nicht einander.

Zugleich herrschte trotz Grace' Besorgtheit um Eunice keine wahre Eintracht zwischen den Zwillingen. Viele Jahre lang gab es beträchtliche Spannungen, denn Grace störte sich daran, daß ihre Schwester entstellt und behindert war, auch wenn sie es nie äußerte. Hatten sie früher miteinander geredet und gespielt, so änderte sich dies nach der Tumordiagnose mit einem Schlag. Als sie klein waren, hatten sie sich gut vertragen, wobei Eunice immer die Anführerin der beiden war und ihre zarte Schwester bei kleineren Auseinandersetzungen in der Schule oft beschützte. Diese Zeiten waren längst vorüber. Die traurige Wahrheit war, daß Grace von dem Augenblick an, als sie ihre Schwester nach der ersten Schädeloperation im Krankenbett sitzen sah, das Gefühl hatte, als sei Eunice ihr entschlüpft.

Eunice' Krankheit hatte Grace dazu gebracht, ihr Verhältnis zu ihr neu zu bewerten. Die Situation war für sie nicht leicht gewesen, und wenn Grace in den Ferien zu Hause war, ließ sie ihre Enttäuschung gelegentlich an ihrer Schwester aus. Sie stritten häufig, meist über das Klavier der Familie, ein dunkles Instrument, an dem sie sehr hing. Grace spielte gern darauf, aber Eunice konnte es nicht ertragen, die ihrer Meinung nach häßlichen, mißtönenden Akkorde zu hören.

Da Grace in der Schule und damit aus dem Weg war, geriet Eunice naturgemäß immer stärker unter den Einfluß ihrer Mutter, von der sie völlig abhängig geworden war. Infolgedessen dauerte es in den Ferien nie lang, bis Eunice mit dem Finger auf ihre Zwillingsschwester zeigte: »Was du da machst, ist was ganz Unchristliches«, sagte sie oft. Und dann warnte sie ihre Schwester, sich an die vielen verbindlichen Regeln im Haushalt der Manns zu erinnern: »Mami und Papi würde das gar nicht gefallen.« Grace schien es, als würde es ihre älteste und beste Freundin nicht mehr geben. Wieder war sie im Stich gelassen.

Grace hatte jahrelang ein Doppelleben geführt, wie es das Schicksal vieler Kinder ist, die ins Internat gesteckt werden. Für Grace jedoch war der Unterschied ungewöhnlich stark. Auf Clarendon hatte sie enge und feste Freundschaften, Spaß und Gelächter. Zu Hause erwartete sie ein Vater, der sie mißbrauchte und beherrschte, eine verkrüppelte Schwester und eine distanzierte Mutter. Als sie fünfzehneinhalb Jahre alt war, mußte sie jedoch wieder vollständig in diesen Alptraum zurückkehren, da die Manns beschlossen, sie von der Schule zu nehmen. Sie sollte die örtliche Oberschule besuchen und die Abschlußprüfungen in Englisch und Französisch ablegen, bei denen sie in Clarendon durchgefallen war.

Grace' Rückkehr nach Hause führte zu einer Zeit tiefer Niedergeschlagenheit. Nicht nur, daß das Lernen sie langweilte, sie fühlte sich auch als Opfer der unzureichenden finanziellen Mittel ihrer Eltern. Während sie sich wie jeder Teenager für Kleidung interessierte und ihren Spaß haben wollte, machte ihr der Reverend klipp und klar, daß sie mit ihrer Schuluniform Vorlieb nehmen mußte. Dazu gehörten ein formloses Kostüm, ein Pullover mit V-Ausschnitt, gestreifte Socken und völlig plumpe Schuhe. Immer wieder erinnerte er sie daran, was für ein Glück sie hatte, überhaupt soviel zu besitzen, da Eunice' Zustand doch so sehr an den Familienfinanzen zehrte. Grace verstand das Dilemma sofort und machte sich klar, daß jammern zwecklos war.

In dieser Zeit versuchte sie, den Optimismus beizubehalten, den sie in Clarendon gelernt hatte. Doch während sie in der Schule durch stete Gesellschaft aufgemuntert worden war, zog sie sich jetzt in Tagträume zurück, um bessere Laune zu bekommen. Sie setzte sich allein in die Kirche und stellte sich ein Leben vor, das frei von den sexuellen Zwängen war, die ihr dominanter Vater ihr auferlegte, frei von seinen Wutanfällen, frei von den kleinlichen Einschränkungen, mit denen er sie gefangenzuhalten versuchte.

Reverend Mann war nämlich so entschlossen wie eh und je, seine Tochter ganz für sich zu behalten. Er hatte sich in den letzten Jahren für den Tag gewappnet, in dem er Grace würde in die Welt ziehen lassen müssen. Wie, so hatte er sich oft überlegt, würde er sie isolieren und kontrollieren können, wenn ihre Schulzeit vorüber war? Auch wenn die Oberschule sie in höherem Maß der Welt aussetzte, so war es doch ein notwendiger Schritt, Grace dorthin zu schicken, sollte aus ihr etwas werden. Zumindest, so konnte er sich trösten, war die Kleidung, die sie in der Schule trug, kaum dazu angetan, die Aufmerksamkeit des anderen Geschlechts zu erregen. Sobald Grace' Jahr an der Oberschule vorüber war, meldete der Reverend jedoch wieder seine Besitzansprüche an. Nach einigem Nachdenken kam er zu dem Schluß, die Lösung liege in der *Girls Crusader Union*. Dies war eine christliche Vereinigung, aus der die Männerwelt völlig ausgeschlossen war. Sie bestand ausschließlich aus Frauen verschiedenen Alters, die eifrig Seite an Seite tätig waren. Der Reverend machte seinen Einfluß geltend, damit seine Tochter als Büroangestellte eingesetzt wurde und nur ein Minimum an Pflichten hatte. Das war seiner Meinung nach eine ideale Lösung. Aber was sollte nach der Arbeit geschehen?

Ironischerweise verliebte Grace sich zum ersten Mal genau zu dieser Zeit: nach Büroschluß. Sie war sich seit längerem bewußt, daß die jungen Männer sich für sie interessierten, hatte aber immer weggesehen, weil sie an die Lehren dachte, die ihr Vater ihr jahrelang eingetrichtert hatte. Innerlich jedoch begehrte sie still auf und plante ihre Flucht, sobald der Richtige käme. David Bond hatte vielleicht keine besonders aufregende Karriere vor sich, aber als Bankangestellter aus Thornton Heath im Süden Londons und aktives Mitglied von Reverend Manns Glaubensgemeinde kam er durchaus in Frage und weckte in Grace Gefühle, die sie bis dato nicht gekannt hatte.

Grace wußte, daß sich ihr Vater jedem Versuch, mit David eine Freundschaft anzuknüpfen, aufs schärfste widersetzen würde. Da sie aber die Freiheiten haben wollte, die andere Mädchen ihres Alters genossen, überlegte sie sich, daß ihr Vater vielleicht ein wenig locker lassen würde, wenn sie ihm häufiger ihre Gunst schenkte. Schließlich durfte sie einmal mit David ausgehen. Der Plan schlug jedoch fehl, da der Geistliche nach Erteilung seiner Erlaubnis noch versessener auf seine Tochter war und seine Bemühungen, die Beziehung zu hintertreiben, verdoppelte.

»Er ist einfach nicht die Art Mensch, mit der ich dich sehen möchte, Grace«, sagte er, offenbar in einer Laune, die keinen Widerspruch duldete. »Du hast etwas viel Besseres verdient«, fügte er hinzu und hoffte insgeheim, daß es nie so weit kommen würde.

Sein Drängen war jedoch zwecklos, denn Grace wagte zum ersten Mal im Leben, seinen Befehlen zu trotzen. Sie traf eine Reihe heimlicher Verabredungen mit ihrem neuen, glühenden Verehrer. Da der Geistliche jeden Schritt von ihr überwachte, kam er schnell hinter die Sache und bemühte sich nicht, seinen Zorn zu verbergen. Weil er jedoch die Entschlossenheit seiner Tochter spürte, tat er so, als würde er seine Haltung ändern. Sie dürfe mit dem jungen Mann ausgehen, allerdings nur unter gewissen Bedingungen. Diese waren so restriktiv, daß Reverend Mann darauf vertraute, die Beziehung werde schon bald daran scheitern. Die wichtigste Bestimmung lautete, daß Grace um halb zehn Uhr abends zu Hause zu sein hatte. Infolgedessen konnte das junge Paar kaum einen Abend gemeinsam verbringen.

Im Grunde war der Geistliche von der erblühenden Romanze so fasziniert wie entsetzt. Bald konnte er nicht mehr an sich halten und erkundigte sich, wie weit die Beziehung gediehen sei. »Hat er dich schon geküßt?« fragte er einmal beim Abendessen so beiläufig wie möglich. Denn wenn das Paar sich küßte, tauschte es vielleicht auch noch andere Zeichen der Zuneigung aus. Das mußte er unbedingt herausfinden. Bei dieser ersten Gelegenheit entdeckte er nichts weiter Verwerfliches – nicht einmal, ob Grace einen unschuldigen Kuß auf die Wange bekommen hatte. Irene schimpfte ihn zudem gleich, weil er gefragt hatte, und ersparte ihrer Tochter so die Verlegenheit, eine Antwort geben zu müssen und ihren Gatten nur noch mehr zu frustrieren.

Fest entschlossen, Grace' Verehrer abzuschrecken, so gut er konnte, rief der Geistliche, als er das Paar auf der Straße spazieren sah, einmal sogar: »Junger Mann, wo haben Sie Ihren Arm!«

Was konnte er noch tun, um das Techtelmechtel zunichte zu machen? fragte er sich. Vielleicht war es die Lösung, seiner Tochter ein kleinliches Verbot nach dem anderen aufzuerlegen.

»Nein, Grace, eine Perlenkette kannst du auf keinen Fall tragen«, beschied er ihr kurzum, als er das erste Geschenk ihres Freundes in Augenschein nahm. »Ich schicke sie zurück.«

»Nein, Grace, er darf dir auf keinen Fall den Beitrag

für den Tennisclub zahlen. Das ist meine Sache. Ich schicke das Anmeldeformular zurück.«

Der Geistliche war davon überzeugt, daß eine Reihe solcher entmutigender Bescheide den glücklosen Bankangestellten schließlich zermürben würden. Bald nachdem Grace die künstlichen Perlen und das Aufnahmeformular des Tennisclubs zurückgeschickt hatte, erfuhr sie, daß sie eine Schonfrist bekommen sollte. Denn der Reverend, eine hochangesehene Gestalt in der Welt der Baptisten, hatte eine Einladung zu einer Vortragsreise durch die USA erhalten. Von der Ehre geschmeichelt, nahm er sie an – zur großen Freude seiner Tochter.

Die Organisatoren der Reise hatten für Reverend Mann einen anstrengenden Zeitplan festgelegt, der neun Flüge und fünfzehn Predigten innerhalb von zwanzig Arbeitstagen vorsah. In New York, dann in Buffalo, Chicago, Minneapolis und Los Angeles war der Geistliche beeindruckt, wie groß die Gemeinde vor ihm war. Das war etwas völlig anderes, als in den Außenbezirken Cardiffs zu predigen. Darüber hinaus wurde er von der Menge herzlicher und begeisterter aufgenommen, als er es in Großbritannien jemals erlebt hatte. Auch bei direkten Begegnungen mit Menschen, die zusammenströmten, um ihn zu hören, traf er auf viel offenere Reaktionen.

Der Reverend hatte sich einen Predigtstil angeeignet, der in den USA besonders gut ankam. In seinem tiefen und weichen walisischen Tonfall vorgetragen, zeichnete er sich durch Nachdruck und Überzeugungskraft aus. Sein Gestikulieren und das Schlagen aufs Pult halfen ihm dabei, die Zuhörer für seine kraftvolle Mitleidsbotschaft zu gewinnen. Schon bald machte er sich auch einen entscheidenden Lehrsatz des amerikanischen Predigertums zu eigen: erfolgreiches Predigen und erfolgreiche Finanzierung sind untrennbar miteinander verknüpft. In dieser

Hinsicht fiel die Reise dank der Großzügigkeit der verschiedenen Gemeinden ergiebiger aus als alles, was er bis dato in seiner Kirchenlaufbahn erlebt hatte. Als er an einem Sonntagmorgen und dann am selben Abend in Wheaton, Illinois, predigte – beide Male vor über tausend Zuhörern –, erhielt er einen Scheck, dessen Summe so hoch war, daß er ihn erst nicht annehmen wollte.

»Das ist doch viel zuviel«, wandte er ein und bekam zur Antwort, daß solche beträchtlichen Gaben in Wheaton an der Tagesordnung waren, einer Stadt, die seit langem als religiöser Mittelpunkt galt und mitunter als »Protestantischer Vatikan des Mittleren Westens« bezeichnet wurde.

Bedeuteten diese drei aufregenden Wochen, daß die Beziehung zwischen Grace und David wenigstens eine Weile ungestört verlaufen konnte? Keineswegs. Obwohl Reverend Mann Tausende von Kilometern weit fort war, hatte er nicht vor, aufzugeben. Er gab nie auf. Außerdem hatte er noch einen Trumpf im Ärmel.

Er befand sich zwar auf einer rasanten Vortragsreise durch Amerika und mußte mit einem hektischen Terminplan kämpfen; trotzdem blieb ihm Zeit, Grace eine Reihe von Briefen zu schreiben. In diesen kehrte er seine ursprüngliche Taktik um und bat seine Tochter wiederholt, mit David Schluß zu machen. Sie weigerte sich standhaft. Die Briefe legte sie weg und vergaß sie. Endlich, so schien es, machte Grace sich frei.

Eines Tages, als Grace nach der Rückkehr ihres Vaters von seiner Vortragsreise aus der *Girl Crusader Union* nach Hause kam, fand sie ihre Mutter leichenblaß und völlig erschüttert vor. Ob Eunice etwas zugestoßen war? Das war ja längst zu erwarten.

»Papi ist sehr krank«, erklärte Irene ihr. Ihr Tonfall ließ keinen Zweifel am Ernst der Lage aufkommen. Das war der letzte Trumpf des Geistlichen. Und wie sich herausstellte, hatte er ihn mit großer Tücke gespielt. Seine Krankheit war selbstverschuldet. Reverend Mann hatte mit Hilfe einer Überdosis Tabletten einen Selbstmordversuch unternommen – in den fünfziger Jahren noch ein unsägliches Vergehen. Der Versuch war mißlungen, und man hatte ihn in eine Klinik in Sussex eingewiesen. Die Diagnose lautete Nervenzusammenbruch. Er sei völlig erschöpft aus Amerika zurückgekommen.

Als Grace im türkisfarbenen Lieblingskleid ihres Vaters an einem heißen Sommerabend an sein Krankenbett trat, fand sie einen Mann vor, der leer und ausdruckslos wirkte und nichts mehr von seinem üblichen Charisma und seiner Autorität besaß. Er brachte gerade genug Kraft auf, um ihr ein paar Worte zu sagen. Besitzergreifend bis zum letzten umklammerte er Grace' Hand und flüsterte ihr eine Bitte zu, die sie schon oft gehört hatte: »Laß mich bitte nicht im Stich, ja?«

»Natürlich nicht, Papi«, erwiderte sie ohne Zögern.

Endlich hatte der Reverend die Worte gehört, auf die er so gewartet hatte. Sie erwiesen sich als wesentlich heilsamer als die Elektroschocktherapie, die das Krankenhaus dem Geistlichen verabreichte. Er war nicht zu krank, um zu begreifen, daß Grace ihm auf ihre verschlüsselte Weise ihre Bereitschaft mitgeteilt hatte, mit David Schluß zu machen, damit ihr Vater nicht mehr leiden mußte. Grace war zu dem Schluß gekommen, daß dies das mindeste war, was sie tun konnte. Ihr kranker Vater war schließlich ein bemitleidenswerter Anblick.

Edward Mann hatte wieder einmal seinen Willen bekommen. Der Einsatz war allerdings hoch gewesen: Damit er überlebte, hatte der junge Mann verschwinden müssen. Seine Sabotage hatte funktioniert. Sechs Wochen nach Grace' Besuch verließ er die Klinik. Die Ärzte äußerten sich entsetzt darüber, weil sie seinen Aufbruch für verfrüht hielten; er habe die verordnete Behandlung noch nicht abgeschlossen. Freilich konnten sie nicht wissen, daß er sein Heilmittel schon bekommen hatte.

Diese dramatische Wendung der Ereignisse überzeugte David endgültig von dem, was er seit langem geahnt hatte: sein Werben um Grace war zwecklos. Reverend Mann hatte sich ihm gegenüber stets merkwürdig verhalten; jetzt machte sein Benehmen es dem jungen Mann ganz unmöglich, eine normale Beziehung zu seiner Tochter zu unterhalten.

Und Grace wußte, nachdem man ihr die erste Liebe genommen hatte, daß es nun Zeit war, von zu Hause wegzugehen. Sie hatte sich zu einer Ausbildung als Krankenschwester entschlossen und meldete sich für einen dreijährigen Lehrgang am Oldchurch Hospital in Romford, Essex, an. Diese Entscheidung erstaunte ihre Eltern. Gleich sagten sie ihr, daß sie sich ihnen gegenüber nicht gerade als fürsorglich erwiesen habe. Wenn sie aufrichtig am Pflegeberuf interessiert sei, dann könne sie sich doch bestens um ihre Zwillingsschwester kümmern. Es stimmte zwar, daß Eunice, die sich stur ans Leben klammerte, noch immer ganztätig auf Hilfe angewiesen war. Doch von deren Elend verschreckt hatte Grace das Gefühl, sie müsse ebenfalls zugrunde gehen, wenn nicht körperlich, so doch seelisch, falls sie nicht von zu Hause wegginge.

Die Manns hatten Grace' wahre Beweggründe offenbar nicht erkannt, und sie wollte sie ihnen auch nicht nennen. Sie wollte einfach ihrem Würgegriff entkommen, vor allem dem ihres Vaters. Sie hatte sich gedacht, eine Ausbildung zur Krankenschwester sei ein glaubwürdiger Grund zu gehen, wegen ihr hätte es aber auch irgendein anderer Beruf sein können. Jedenfalls gab sie nicht nach und blieb bei ihrer Wahl.

Die Manns hatten zwar kapituliert, doch sie standen Grace während ihrer Ausbildung keineswegs zur Seite, sondern versuchten ihr immer wieder Schuldgefühle wegen Eunice einzureden. Wie wunderbar, so sagten sie immer wieder, wenn Grace ihrer Schwester soviel Fürsorge angedeihen ließe wie den Patienten im Krankenhaus.

Auch die Versessenheit ihres Vaters auf sie hatte mit ihrer Flucht von zu Hause kein Ende. Sie schien in ihrer Abwesenheit eher zuzunehmen. Obwohl Grace fast jeden freien Tag bei ihren Eltern verbrachte, fragte Reverend Mann jedesmal, wann sie wiederkommen würde, und nahm ihr das Versprechen darauf ab. Grace erkannte, daß sie aus dem alten Familienmuster nicht herauskam: Wie eh und je schien es ihr Los zu sein, sich für die Gefühlsansprüche ihres Vaters aufzuopfern. Und sie wußte nicht nur, wie sie in absehbarer Zukunft jeden freien Tag verbringen würde, sondern mußte ihrem Vater obendrein dauernd versichern, daß sie ihn nicht im Stich lassen würde.

Als Grace in Birmingham war, wo sie ihre Hebammenausbildung abschließen wollte, lernte sie Peter Bailey kennen, einen Vikar, der, wie zuvor David, ebenfalls der Konfession ihres Vaters angehörte. Über Reverend Mann, der inzwischen von den Baptisten zur anglikanischen Kirche konvertiert war, schwebte also eine bekannte Drohung. Nur ging Grace diesmal mit einem Geistlichen, und das hieß, daß die Gefahr wesentlich größer war. Was würde geschehen, wenn Bailey von dem jahrelangen Mißbrauch erführe? Und was erst, wenn das Fehlverhalten dem Bischof zu Ohren käme? Anfangs versuchte der Reverend es auf eine Tour, die seine Tochter bereits bestens kannte: »Nein, Grace, der ist auf keinen Fall was für dich. Du weißt, daß er gerade erst von einer anderen einen Korb bekommen hat. Mit dir will er sich bloß über die Enttäuschung hinwegtrösten. Eine solche Kränkung möchte ich dir ersparen.«

Als diese Taktik nicht funktionierte und Grace und Peter auf eine Heirat zustrebten – das vermutete zumindest Reverend Mann –, setzte der Geistliche eine neue Zerstörungsstrategie ins Werk. Er hatte sich vollkommen von seinem Zusammenbruch erholt und fing an, Grace zahlreiche Briefe ins Schwesternheim zu schicken und sie ununterbrochen anzurufen. Dann stand er immer wieder unangemeldet vor ihrer Tür, um sie persönlich anzuflehen. Und ein paarmal folgte er in seinem verbeulten alten Austin seiner Tochter durch die Straßen, wenn diese mit dem Fahrrad in der Stadt unterwegs war.

Für Reverend Mann war es entscheidend, der neuen Beziehung seiner Tochter möglichst rasch ein Ende zu setzen. Als Geistlicher konnte Peter Bailey Edward Mann mit einem Schlag ruinieren, wenn er sein dunkles Geheimnis ans Licht brachte. Angriff schien hier die beste Verteidigung. Darum schrieb der Reverend an den Bischof und zählte ihm die Gründe auf, aus denen sein voraussichtlicher Schwiegersohn sich ganz und gar nicht eignete, Vikar zu werden.

Edward Mann war besessen. Jetzt jagte er nicht mehr einem verletzlichen, minderjährigen Schulmädchen nach, sondern einer jungen Fünfundzwanzigjährigen. Dabei hatte er einen gewissen Erfolg, denn es war ihm offenbar gelungen, seine Frau für seine Zwecke einzuspannen. Auch sie versuchte nun, Grace einzuschüchtern.

»Dir ist wohl nicht klar«, sagte sie im Pfarrhaus zu ihrer Tochter, »daß dein Vater nicht auf deine Hochzeit kommt, wenn du Peter heiratest.« Fassungslos stand Grace da, während Irene überflüssigerweise ihren nächsten Trumpf ausspielte: Die Beziehung sei bloß eine Freundschaft und jeder Gedanke an Heirat nur eingebildet. Denn anstatt zu akzeptieren, daß ihr Vater nicht dabei sein würde, kam Grace sofort zu dem Schluß, daß ihre Romanze mit dem jungen Vikar unter einem schlechten Stern stand. Die billige Drohung hatte gewirkt. Für Grace war es undenkbar, daß ihr Vater nicht neben ihr in der Kirche stehen und sie stolz dem Bräutigam übergeben würde. Sie ließ Peter fallen. Der Reverend hatte Grace wieder seinen Willen aufgezwungen. Wann würde sie endlich die Wahrheit erkennen, daß er nicht die geringste Absicht hatte, sie jemals einem anderen Mann zu überlassen; daß er sich nie dazu bereit finden würde, solange er es verhindern konnte.

Ja, Reverend Mann hegte eine merkwürdige Vorstellung von Inbesitznahme, und das schon seit einiger Zeit. Auf Autofahrten sprach er für gewöhnlich ganz offen mit Grace über eine Reihe persönlicher Themen. Oft ging es darum, wie sehr es ihn schmerzte, kein eigenes Kind zu haben: »die größte Tragödie meines Lebens«, wie er stets sagte. Aber als er die Vierundzwanzigjährige eines Tages von seinem Pfarrhaus in der Diözese Croydon zum Krankenhaus Farnborough in Kent fuhr, wo sie ihre Hebammenausbildung machte, hatte er etwas ganz anderes im Sinn.

»Grace«, setzte er vorsichtig an. »Du weißt, daß ich gern mit dir zusammen wäre.«

»Ja, Papi«, erwiderte Grace, die möglichst rasch wieder ins sichere Schwesternheim zurückwollte.

»Weißt du, ich meine, als Ehepaar. Warum fahren wir nicht einfach irgendwohin?«

»Du weißt doch, daß das nicht geht, Papi.«

Diese nüchterne Antwort hat dem Reverend die groteske Vorstellung vielleicht ganz ausgetrieben oder auch nicht. Jedenfalls machte er Grace nie wieder einen Heiratsantrag.

Als Grace auf die dreißig zuging, hatte sie es endgültig satt, bei den Spielchen ihres Vaters mitzutun. Sie erkannte, daß er sie trotz ihrer räumlichen Trennung genauso kontrollierte wie zuvor, und beschloß, künftig eine andere Taktik einzuschlagen. Wenn sie ihre nächste Beziehung geheimhalten könnte, so überlegte sie, dann bräuchte er sich über nichts aufzuregen. Seine Unkenntnis wäre ihr Segen. Und so begann ein allmählicher Prozeß der Entfremdung von ihren Eltern, der das Verhältnis zu ihnen über Jahre hinweg bestimmte. Man erinnerte sich an Geburts- und Jahrestage und schickte sich zu Weihnachten höflich Karten und Geschenke. Doch hinter dieser scheinbar ungetrübten Normalität steckte kein echter Kontakt mehr.

Grace arbeitete inzwischen im Birminghamer Vorort Erdington als Sozialhelferin im Gesundheitsdienst. Als sie 1964 bei einem Stadtfest den Ingenieur Alan Stocken kennenlernte, beschloß sie daher, ihren Eltern erst einmal nichts davon zu erzählen. Sie hielt den Mund tatsächlich länger, als sie selbst gedacht hatte, aber aus einem völlig anderen Grund. Das Werben um sie dauerte so lang, daß sie schon überlegte, ob Alan ihr überhaupt einen Antrag machen wollte. Als er es schließlich tat, nahm Grace erfreut an und teilte den Manns ihre Entscheidung als vollendete Tatsache mit. Zum ersten Mal in ihrem Leben hatte Grace ihren Vater ausgetrickst. Als dem Reverend dies klar wurde, rief er seine Tochter sechs Wochen vor der Hochzeit an und stellte ihr nur eine Frage. Anscheinend schien er sich mit ihrem Verlust abgefunden zu haben.

»Du willst die Sache also wirklich durchziehen, Grace? Dann soll ich also wirklich den Bischof anrufen?« Dabei wollte er jedoch keineswegs den Geistlichen bitten, die Trauung vorzunehmen. Vielmehr beinhaltete seine Frage eine Drohung. Reverend Mann brauchte dem Bischof nur mitzuteilen, daß der junge Mann als nicht praktizierender Christ sich nicht zum Gatten für seine Tochter eigne, und schon hätten sie in der Diözese nicht mehr heiraten dürfen.

Obwohl Grace über diese Möglichkeit entsetzt war, bejahte sie trotzdem. Sie muß so unerschrocken geklungen haben, daß der Hochwürden erkannte, daß er seine Zeit verschwendete, wenn er die Ehe hintertreiben wollte. Eigentlich war er eher erleichtert, daß sie sich für jemanden entschieden hatte, der nichts mit Kirchenkreisen zu tun hatte, auch wenn dies allem Hohn sprach, was er jemals über den Wert eines gemeinsamen Glaubens gepredigt hatte. Dennoch beschloß er, es ein letztes Mal zu versuchen. Da er die Krankengeschichte seiner Tochter kannte und wußte, was der Chirurg gesagt hatte, der ihr eine Zyste an einem Eierstock entfernt hatte, konzentrierte er sich auf seinen künftigen Schwiegersohn. »Weißt du«, fragte er ihn, »daß Grace keine Kinder bekommen kann?« Das hinterhältige Manöver war zwecklos, denn Alan Stocken hatte sich längst entschieden: Grace sollte seine Frau werden.

Irene spürte natürlich, daß ihr Mann über die Aussicht, seinen wertvollsten Besitz aufgeben zu müssen, betrübt war, und überlegte, wie sie ihn trösten konnte. »Ist Alan größer als dein Vater, Grace?« fragte sie die Braut, als sie wie üblich die Wäsche fein ordentlich aufhängte. Grace, die nicht genau hingehört hatte, sagte: nein, vermutlich nicht. »Gut, gut«, meinte ihre Mutter und dachte, das dies wenigstens etwas war, womit der Reverend sich trösten konnte, wenn ihm sonst schon nichts blieb.

Grace versuchte auf ihre Weise, ihrem Vater die Sache leichter zu machen. Das lag nicht zuletzt daran, daß sie meinte, wenn sie den meisten seiner Wünsche die Heirat betreffend folgte, werde er sich nicht in letzter Minute ein Manöver ausdenken, um die Hochzeit zu verhindern. Dazu gehörte, daß er verlangte, daß ein Berufsfotograf vor ihrem Schicksalstag ein Bild von ihr machte. »Grace, ich möchte eine letzte Erinnerung an dich«, verkündete er feierlich, als wollte seine Tochter nicht nur aus seinem Haus, sondern aus der Welt scheiden. Sogar seine Frau bezeichnete seinen Wunsch als völlig überflüssig. Trotzdem ließ Grace sich darauf ein. Zur vereinbarten Zeit fand sie sich in entsprechender Kleidung im Arbeitszimmer ihres Vaters ein. Die Sitzung erwies sich als Fehlschlag, weil Grace nach eigener Meinung »angestrengt, plump und matronenhaft« wirkte. Zu ihrer großen Erleichterung wurde das Foto nie auf dem Kaminsims der Manns aufgestellt.

Alan Stocken empfand die Welt seiner Schwiegereltern als sonderbar. Seine Ansicht über seinen zukünftigen Schwiegervater war sicher davon gefärbt, daß der Reverend immer düsterer wirkte, je näher der Hochzeitstag rückte. »Edward Mann war für mich wie ein Außerirdischer vom Mond«, erzählte er später.

> Er war ein völlig anderer Mensch. Ich wußte nicht, wie ich mit ihm reden sollte. Er stand in völlig anderen Verhältnissen als ich. Er ging ganz in der Kirche auf. Die meisten Gespräche drehten sich um Hochzeiten und Todesfälle in seiner Gemeinde – ich fand die ganze Atmosphäre kaum erträglich. Wenn wir zu Besuch waren, kam es in der gefühlsmäßig aufgeladenen Stimmung zu riesigen Streitereien, oft unter Tränen. Ich hatte keine Ahnung, worum es eigentlich ging, und fand alles ziemlich verstörend. Wenn wir wegfuhren, atmete ich jedesmal äußerst erleichtert auf. Ich bin jemand, der gern ein ruhiges Leben führt.

Als Grace an ihrem Hochzeitstag, dem 10. Dezember 1966, aufwachte, war sie ein wenig aufgeregt, fühlte sich aber zugleich auch unter einem gewissen Druck, der, wie sie wußte, erst weichen würde, wenn sie sich auf der Hochzeitsreise nach London befände. Als sie später in ihrem Brautkleid und ihrer Brautfrisur die Treppe herunterkam, musterte der Reverend sie ohne ein Wort. Er schwieg auch während ihrer kurzen Fahrt vom Pfarrhaus zur St. Mary's Parish Church in East Leake, Nottinghamshire.

An der Kirchentür wartete der Bischof von Southwell, Gordon D. Savage, auf die Hochzeitsgesellschaft. Als Reverend Mann seine Tochter zum Altar geleitete, spielte der Organist ein Lied, das Grace in ihrer Aufregung und Besorgnis unangebracht vorkam. Sie mußte schlucken, als sie ihre Schwester sah, nahm aber all ihre Kraft zusammen, um die Zeremonie durchzustehen. Schon bald erklangen froh die Glocken, um den heiligen Ehebund zwischen Grace Elizabeth Mann und Alan Stocken zu feiern. Die Braut hatte allen Anlaß, stolz zu sein, denn sie sah in ihrem weißen Brautkleid nicht nur blendend aus, sondern fühlte sich zum ersten Mal in ihrem Leben offiziell frei. Sie konnte ihr Glück kaum fassen, als Alan ergeben neben ihr stand. Im zarten Alter von drei Jahren war sie den Grausamkeiten der Nazis entronnen. Jetzt, mit siebenundzwanzig, war sie endlich einer anderen Art Tyrannei entkommen, die sich aus einer heftigen Liebe speiste, die alle Grenzen des Erträglichen gesprengt und sie jahrelang erstickt hatte. Endlich durfte Grace die frische Luft der Freiheit atmen. Trotzdem war es kein Tag, an den sie oder Alan sich später gern erinnerten, denn der Druck auf sie war ungeheuer gewesen.

Als ein paar Wochen später die Abzüge der Hochzeitsbilder eintrafen, fiel darauf eine besonders klägliche, düster dreinblickende Gestalt auf: Das war natürlich kein anderer als der Brautvater.

Zehn Monate später kam ein Junge zur Welt. Er wurde auf den Namen James Frederick Stocken getauft.

»Findest du nicht, daß er Alans Mutter ähnlich sieht?« fragte Grace ihren Vater. In ihren Augen erinnerten das leicht rötliche Haar und das Kinn des Kleinen eindeutig an seine Großmutter väterlicherseits.

»Wie kannst du so etwas sagen, Grace?« entgegnete der Reverend. »Du weißt doch, daß ich nie eigene Kinder hatte.« Dann fügte er eine seiner üblichen Bemerkungen über den Zustand der Menschheit im allgemeinen hinzu. »Es ist doch merkwürdig, Grace, wie die Bösen auf der Welt immer bekommen, was sie wollen.« Der Reverend war so sehr mit seiner eigenen Kinderlosigkeit beschäftigt, daß er nicht den geringsten Gedanken an Grace' Freude verschwendete.

Bis zwei Tage nach der Geburt blieb Grace überglücklich. In der kurzen Euphorie ahnte sie nicht, daß ihr ein schwerer Schlag bevorstand. Eigentlich hatte sie gar nicht vorgehabt, ein Kind zu bekommen. Zudem hatte man ihr mitgeteilt, daß es für sie schwierig sein würde, je Kinder zu haben. Trotzdem war sie schon einen Monat nach ihrer Hochzeit schwanger geworden, und das ging ihr viel zu schnell. Sie hatte ein wenig ihre Freiheit auskosten und sich endlich entspannen wollen.

Ihre Bekannten hatten nur wenig Mitleid mit ihr, da sie meinten, Grace habe kaum Grund zur Klage. Sie war eine voll ausgebildete Krankenschwester, die ihre Arbeit schätzte, hatte einen lieben, rücksichtsvollen Ehemann und eine eigene Wohnung. Und jetzt, ein paar Wochen vor Weihnachten, war sie mit einem gesunden Kind beschenkt worden. Grace konnte jedoch nicht mit dem instinktiven Glücksgefühl der meisten frischgebackenen Mütter reagieren, denn die Geburt hatte viele schmerzliche Erinnerungen an ihre Kindheit wachgerufen.

Sie sollte zwar noch ein paar Jahre brauchen, bis sie sich darüber äußern konnte, aber sie kämpfte nicht nur um die schlichte Zustimmung ihres Vaters, die sie so lang entbehrt hatte, sondern auch um die Liebe ihrer Mutter, da ihr auch diese vorenthalten geblieben war. Plötzlich schienen die Traumata der Vergangenheit sie zu packen. Nachdem sie nun selbst Mutter war, begann sie, sich Gedanken über ihre wahren Eltern zu machen. Und was war an der Geschichte mit dem Münchner Waisenhaus dran? War es wirklich völlig abgebrannt und sämtliche Unterlagen mit ihm, wie man ihr erzählt hatte?

Neben diesen Gedanken trieb ihr veränderter Hormonhaushalt sie in so tiefe Depressionen, daß sie nicht einmal ihr Neugeborenes halten konnte. Dennoch war sie klug genug, um zu erkennen, daß sie dringend Hilfe brauchte. Ein paar Wochen, nachdem sie mit ihrem Baby nach Hause gekommen war, bat sie, als freiwillige Patientin ins Highcroft Hospital von Birmingham aufgenommen zu werden. Dort hoffte sie Zuflucht zu finden. Wie zuvor ihr Vater befand nun sie sich im Krankenhaus am Rand des Zusammenbruchs. Nein, Grace Stocken schien ihre Freiheit doch noch nicht gefunden zu haben.

5. AUF DER SUCHE

Als Grace nach einem sechswöchigen Klinikaufenthalt wieder ihre Rolle als Mutter und Ehefrau wahrnahm, erkannten ihre wacheren Freunde, daß der Heilungsprozeß noch längst nicht abgeschlossen war. Sie bemühten sich, den Grund für ihr Unwohlsein zu entdecken, denn trotz Grace' gegenteiliger Versicherungen stand längst nicht alles zum Besten. Eine ihrer Freundinnen stellte fest:

> Ich hatte immer den Eindruck, daß irgend etwas mit Grace nicht stimmte. Irgend etwas war nicht ganz in Ordnung. Sie redete von sich aus nicht besonders gern darüber. Es herrschte in ihr wohl eine Art Leere.

Falls diese Leere tatsächlich bestand, füllte Grace sie sehr geschickt aus. Schon bald nachdem das Ehepaar nach Rugby, einer kleinen Stadt in Warwickshire gezogen war, nahm Grace wieder eine Vollzeitstelle als Krankenschwester an. Sie arbeitete in der Not- und Unfallaufnahme des städtischen St. Cross Hospital.

Verleugnung, so hieß das Spiel, das Grace viele Jahre lang gespielt hatte und noch lange spielen sollte. Die Strategie lautete, so normal zu scheinen wie jeder andere auch, obwohl sie wußte, daß sie es nicht war. Tief in ihrem Innern spürte sie eine dunkle Stimme lauern, deren ganze Bedeutung ihr erst viel später aufgehen sollte: »Du weißt eigentlich nicht, wer du bist«, erinnerte diese sie immer wieder. Ihr ausgefülltes Leben half ihr, diesen Gedanken beiseitezuwischen, aber angenommen, sie wollte suchen, wo sollte sie damit anfangen? War es nicht auf jeden Fall so, daß Reverend Mann ihre Bemühungen hintertreiben würde, wenn sie versuchte, die Wahrheit über ihre Herkunft herauszufinden, so wie er fast jede Facette ihres Lebens kontrolliert hatte? Hatte er nicht vielleicht fürchterliche Repressalien parat, wenn sie sich wieder seinem Zorn aussetzte? So müssen Grace' kindische Befürchtungen ausgesehen haben.

Also wurde sie zur Expertin darin, die Identität, die noch in ihr lebte, verborgen zu halten.

> Die Krankenschwesterntracht anzulegen war im Grunde so wie eine Maske aufzusetzen. Schon bald merkte ich, daß es viel bequemer war, die Maske als Krankenschwester zu tragen, als ich selbst sein zu müssen. Als Mutter war ich nicht sehr fürsorglich. Auch als Ehefrau fühlte ich mich nicht auf sicherem Boden. Darum schien mir die Arbeit als Krankenschwester eine gute Lösung. Ich hielt mich einfach auf Trab.

Binnen weniger Jahre konnte Grace ihre sämtlichen Energien ihrer Tätigkeit als Krankenschwester widmen: Ihr Sohn ging ins Internat in Nottinghamshire, und Alan arbeitete bis spätabends als Ingenieur, unter anderem am Luxusliner *Queen Elizabeth II*. Grace erwarb sich bei ihren Vorgesetzten Anerkennung als fähige Verwalterin und galt als äußerst gewissenhaft bei der Arbeit, so daß sie schon bald zur Oberschwester befördert wurde.

Die Maske, derer Grace sich bediente, verrutschte fast zwanzig Jahre lang nicht. Ihr ständiges Versteckspiel forderte in dieser Zeit jedoch seinen Preis: Ihr körperlicher und seelischer Zustand verschlechterte sich nach und nach so sehr, daß sie am Ende völlig entkräftet war. Die Maske wurde immer unbequemer.

Grace war es zwar gelungen, sich lange gegen ihre Vergangenheit abzuschirmen, doch das Verlustgefühl, das damit einherging, machte sich besonders schmerzlich bemerkbar, als sie fünfunddreißig wurde. In diesem Alter starb Eunice nämlich im Cheshire Home für junge chronisch kranke Patienten, nachdem sie sich viele Jahre lang so tapfer ans Leben geklammert hatte. Mit dem Tod ihrer Schwester erlosch für Grace ein Bindeglied zu einer Vergangenheit, welche die Manns jahrzehntelang zu begraben versucht hatten. Doch anstatt daß ihre frühe Kindheit damit in Vergessenheit geriet, speiste dieser Verlust ihr immer dringenderes Bedürfnis, zu ihren Wurzeln zu finden.

1985, im Alter von neunundvierzig Jahren, wurde Grace krank. Die Unterleibsoperation verlief ziemlich glatt, aber die psychologischen Folgen waren alles andere als befriedigend. Grace' unterschwellige Depression, die sie mit ihrem unermüdlichen Arbeitseifer so lange in Schach gehalten hatte, drang jetzt mit Macht an die Oberfläche. Wieder merkte sie, wie sie in einer Spirale aus wachsender Verzweiflung versank. Da sie dringend Hilfe benötigte und spürte, daß die konventionelle Medizin ihr außer Tabletten nicht viel bieten konnte, versuchte sie sich erst durch Meditation zu entspannen und wandte sich dann dem Beten zu. Beides verschaffte ihr Augenblicke der Erleichterung, konnte aber das grundlegende Problem nicht lösen. Die Antwort lag tiefer:

> Ich erkannte schließlich, daß ich, um gesund zu werden und mein Leben fortzuführen, herausbekommen mußte, wer ich war. So einfach war die Lösung. Daß ich es nicht wußte, hing wie eine dunkle Wolke über mir und beeinflußte mich in jeder Beziehung. Wenn

man nämlich nicht weiß, wer die richtigen Eltern sind, dann hat man nichts, woran man sich festhalten kann. Es ist, als säße man mitten im Ozean auf einem Floß – man treibt dahin, ankerlos, und weiß nicht, woher man kommt. Ich habe immer gewußt, eines Tages würde ich mich der Frage stellen müssen. Aber ich fand immer wieder eine Ausrede, um diesen Tag hinauszuschieben. Es kam mir alles zu anstrengend vor. Würde ich mich am Ende einer langen Suche mit nichts zufriedengeben können? Das war eine Frage, die ich erst beantworten konnte, als ich wußte, daß ich auf alle Konsequenzen gefaßt war.

Wie zur Vorbereitung auf die große Suche, die in den folgenden Jahren fast zur Besessenheit werden sollte, machte Grace den Vorschlag, daß eine Urlaubsreise mit Freunden durch Europa ihrer Genesung Vorschub leisten könnte. Als sie im Sommer 1985 durch München fuhren, bat sie Alan, einem Impuls folgend, an einer Telefonzelle zu halten. Sie befanden sich in der Stadt, in der ihre Zwillingsschwester und sie zur Welt gekommen waren – und mit einem Frösteln dachte sie an den Nationalsozialismus. Grace stieg aus und suchte das Telefonbuch nach dem Namen Bechhöfer durch, dem Namen, den sie vor über dreißig Jahren bei ihren Schulprüfungen hatte benützen müssen.

Der Name war nicht einmal verzeichnet. Das überraschte Grace gar nicht. Doch da sie in einem Haushalt aufgewachsen war, in dem sie keine Zeitungen oder Illustrierten lesen durfte, in dem das Radio nur selten eingeschaltet wurde und in dem über die jüngste Vergangenheit zu reden peinlichst vermieden wurde, hatte sie über die Vernichtung der deutschen Juden und das schreckliche Erbe des Holocaust nur wenig gehört. Der erste spontane Schritt auf ihrer Suche war ergebnislos geblieben. Es dauerte zwei weitere Jahre, bis sie einen weiteren Schritt tun sollte.

Die Verzögerung war zum Teil darauf zurückzuführen, daß man Grace erzählt hatte, sämtliche Unterlagen über ihre Herkunft seien verschwunden. So besaß sie tatsächlich nur wenig Anhaltspunkte. Sie wußte lediglich, daß Eunice und sie im Alter von drei Jahren aus einem Münchner Waisenhaus, das bald darauf einschließlich sämtlicher Papiere abbrannte, nach Großbritannien gekommen waren. Außerdem schien das Risiko, beim Fischen in einer so trüben Vergangenheit enttäuscht zu werden, zu groß. Und nicht zuletzt hatte Grace immer noch Angst vor der Reaktion des Reverend, wenn er von dem Vorhaben erfuhr. Sie war jetzt zwar mittleren Alters, aber ihre Gefühle waren noch längst nicht geklärt, da sie so lange unter der krankhaften Kontrolle durch diesen einen Mann gelitten hatte.

Als Grace sich 1987 nach fast dreißig Berufsjahren ins Privatleben zurückzog, spürte sie plötzlich, wie die freie Zeit auf ihr lastete. Sie hatte keine Station mehr zu beaufsichtigen, und die Pflichten im Haushalt waren auch weniger geworden, weil ihr Sohn, der sich inzwischen lieber bei seinem zweiten Vornamen Frederick nennen ließ, in Cambridge einen Platz als Orgelstudent bekommen hatte. Sie war sich im klaren darüber, daß sie sich irgendwie beschäftigen mußte, und wollte auch ihren künstlerischen Neigungen nachgehen. Darum belegte sie einen Kurs in einer Schreibwerkstatt, die von der Gemeinde Rugby unterhalten wurde. Dort freundete sie sich mit Hazel Bell an, einer anderen Hausfrau aus Rugby, mit der Grace gewisse Gemeinsamkeiten entdeckte. Hazel Bell hatte ebenfalls Probleme und erzählte ihrer neuen

Freundin eines Abends ausführlich davon, denn Grace konnte gut zuhören. Während des Plausches in dem kleinen Haus wurde deutlich, daß Hazel von Grace erwartete, daß auch sie im Gegenzug ein wenig von sich preisgab. »Warum«, fragte sie, »habe ich das Gefühl, nicht an dich heranzukommen? Warum baust du so viele Barrieren auf und bist anscheinend nicht bereit, jemanden zu dir vordringen zu lassen?«

So direkt war Grace noch nie angesprochen worden. In ihrem Kopf schrillten die Alarmglocken. Das große Geheimnis, das so lange unter Verschluß gehalten worden war, stand in Gefahr, gelüftet zu werden. Da sie nicht sicher war, wieviel sie ihrer Freundin offenbaren sollte, erzählte sie ihr, es falle ihr so schwer, mit Leuten zu reden, weil sie ihre eigene Identität nicht richtig kenne. Deshalb sei das Zuhören für sie immer einfacher gewesen als das Reden.

Hazel jedoch war entschlossen, ihre Freundin aus der Reserve zu locken. Grace erwiderte ihr, Eunice und sie seien am Tag nach ihrem dritten Geburtstag aus einem Waisenhaus in Deutschland nach Großbritannien gekommen. Viel mehr wisse sie nicht. Sie wiederholte den Refrain, der sie seit frühester Kindheit begleitet hatte, und schilderte, wie ihre Identität immer aufs höchste geheimgehalten worden war. Dann fügte sie eilends hinzu, sie sei es nicht gewohnt, den Leuten davon zu erzählen. Sogar ihr Ehemann wisse nur wenig über ihre Vergangenheit. Es sei ihr immer klüger vorgekommen, gar nichts zu sagen.

Hazel war neugierig geworden. Der Schriftstellerkurs hatte nie so großartiges Material hergegeben. Aber Grace blieb dabei, daß sie nicht mehr sagen könne: »Weil ich einfach nicht mehr weiß.«

Hartnäckig und hellsichtig, wie ein Anwalt beim

Kreuzverhör, ließ Hazel nicht locker und forderte sie schließlich zum Kampf: »Grace«, sagte sie, »warum versuchst du nicht herauszukriegen, wer du bist?«

Da Grace' Phantasie jetzt von der Aussicht angefeuert wurde, ihre wahren Eltern zu finden, warf sie sämtliche übrigen Vorbehalte beiseite. Sie wußte, daß sie alle Ausreden ausgereizt hatte, die ihr über die Jahre so gut zupaß gekommen waren. Jetzt streckte ihr Hazel Bell freundlich die Hand zur Hilfe hin, und das Angebot war zu gut, als daß sie es hätte ablehnen können. Fast fünfzig Jahre nach ihrer Abreise aus München als kleines Waisenkind konnte sie endlich loslegen.

Nach ein paar Stunden Schlaf sahen die Dinge jedoch wieder anders aus. Grace war immer noch sehr motiviert, aber im kalten Tageslicht beschlich sie das Gefühl, nicht die geringste Aussicht zu haben, etwas über ihre wirklichen Eltern und damit ihre eigene Herkunft herauszufinden. Schließlich war das Münchner Waisenhaus wie auch die Bechhöfers ein abgeschlossenes Kapitel.

Andererseits hatte Grace das Glück, daß die Gesetzgebung im Hinblick auf das Adoptionsrecht sich zu ihren Gunsten entwickelte. Das Kindergesetz von 1975 hatte den Zugang zu den Geburtsunterlagen auf eine völlig neue Grundlage gestellt. Erwachsene, die adoptiert worden waren, hatten jetzt ein Anrecht auf Einsichtnahme in die Originalunterlagen. Dies bedeutete eine völlige Umkehr der vorigen Regierungspolitik, denn davor hatte man es für das Beste gehalten, wenn ein Adoptivkind vollkommen mit der Vergangenheit brach. Ein Satz aus einer Broschüre des britischen Staatsarchivs beschreibt die Lage in knappen Worten: »Wir erkennen nun an, daß ein Kind durch die Adoption zwar zum vollberechtigten Mitglied einer neuen Familie wird, Auskünfte über seine Herkunft ihm aber trotzdem wichtig sein können.«

Vor allem diese Entwicklung trug dazu bei, Grace' Zweifel zu zerstreuen, denn ihr wurde klar, daß Auskünfte über ihre Geburt nicht nur wichtig, sondern der Schlüssel zu ihrer verborgenen Vergangenheit waren. Sie biß die Zähne zusammen und sagte sich, daß sie viele Jahre verschwendet und keine Zeit mehr zu verlieren hatte.

Diejenigen, die vor dem 12. November 1975, also vor Inkrafttreten des neuen Gesetzes, adoptiert worden waren, mußten sich mit einem Sozialarbeiter treffen, der für eine entsprechende Beratung ausgebildet war. Diese sollte dem Adoptierten helfen, die vielen Regelungen und Verfahren zu begreifen, die für eine Adoption notwendig waren, sowie auf die eventuellen Ergebnisse der Nachforschungen vorbereiten. Die Bürokratie forderte ihren Tribut.

Am 17. Januar 1988 fuhr Grace nach Warwick, wo sie einen Termin mit Bert Cuff hatte, einem Sozialarbeiter, dessen offenes Lächeln genau das zu versprechen schien, was sie erhofft hatte. Obwohl er hilfsbereit und mitfühlend war, zeigte er anfangs aber offene Skepsis, was die Erfolgschancen der Ratsuchenden betraf. Da er wußte, daß er großen Schaden anrichten konnte, wenn er falsche Hoffnungen weckte, schlug er eine vorsichtige Gangart an. »Mrs. Stocken«, sagte er, »die Sache liegt fünfzig Jahre zurück. Nach so langer Zeit kommen sie wahrscheinlich nicht sehr weit.«

»Aber ich muß es einfach probieren«, erwiderte Grace unter Tränen. »Ich habe wirklich das Gefühl, daß ich es tun muß. Um so mehr, weil ich so lange damit gewartet habe.«

Bert Cuff brauchte nicht lange überredet zu werden. Er spürte die Entschlossenheit von Grace und identifizierte sich mit ihrer Notlage. So wurde er bald zu ihrem Verbündeten. Er sei sich sicher, sagte er, daß Grace reif genug für ihr Vorhaben sei – dieses Urteil verlangte das Gesetz von ihm –, und versprach ihr obendrein, alles in seiner Macht Stehende zu tun, um ihr zu helfen. »Als erstes müssen sie an das Bezirksgericht von Croydon schreiben, um ihre Geburtsurkunde zu bekommen«, erklärte er.

Erst als die Zwillinge neunzehn geworden waren, hatten die Manns sie adoptieren können. Diese förmliche Adoption war am Gericht von Croydon in Surrey vollzogen worden. Bis dahin waren Eunice und Grace Pflegekinder gewesen. Das Flüchtlingskomitee des *Central British Fund* hatte bei der Vergabe der Pflegschaft bestimmt, daß jedes Kind bei der Adoption mindestens achtzehn Jahre alt sein und die Adoption sein Wunsch sein mußte.

Grace kannte diese Bestimmungen nicht. Sie hatte immer geglaubt, sie und Eunice seien von Anfang an adoptiert gewesen. Als Eunice neunzehn geworden war, hatten die Manns geglaubt, sie werde bald sterben, weil ihr Zustand sich rasch verschlechterte. Für den Reverend, der stets alles unternommen hatte, um die Vergangenheit der Zwillinge geheimzuhalten, wäre es unvorstellbar gewesen, seine Tochter unter ihrem Geburtsnamen Lotte Bechhöfer zu beerdigen. Diese drohende Aussicht erklärt, warum er die Adoption so eilends vorangetrieben hatte.

Das Gericht in Croydon erteilte Grace einen enttäuschenden Bescheid: Es lägen keinerlei Abschriften von Geburtsurkunden vor. Sie müsse sich andernorts erkundigen. Allerdings schrieb Grace bereits fleißig Briefe, darunter einen an das deutsche Konsulat in London. Wie üblich hatte sie die wenigen Fakten über sich genannt, die sie kannte, und hoffte, daß diese ausreichten, um eine ordentliche Nachforschung in Gang zu setzen.

Alan Stocken stand der Suche seiner Frau mit Vorbehalten gegenüber. Es verging kaum ein Tag, so bemerkte er, ohne daß sie einen Brief an die eine oder andere Behörde schickte. So verbrachte sie immer mehr Zeit allein in ihrem Arbeitszimmer im ersten Stock des Hauses damit, ihr weiteres Vorgehen zu planen. Hatte es wirklich Sinn, so überlegte er, in der Vergangenheit zu stöbern? Und war es vor allem nicht sehr wahrscheinlich, daß seine Frau beim sturen Verfolgen ihres Ziels verletzt und enttäuscht, somit also noch mehr geschädigt werden würde? Weil er fürchtete, daß die Entdeckung der eigenen Wurzeln gefährlich werden konnte, hätte er es lieber gesehen, wenn sie der Sache ein Ende gesetzt hätte. Doch selbst wenn er ihr seine Einwände dargelegt hätte, hätte dies nicht viel geholfen: Grace war von ihrem Vorhaben nicht mehr abzubringen. Dazu meinte Alan später:

> Grace weiß, was sie will. Sie wollte der Sache von Grund auf nachgehen. Darum habe ich sie ihr auch nicht auszureden versucht. Ich dachte, ihre Persönlichkeit wird vollständiger. Sie hatte in der Vergangenheit gewisse Schwierigkeiten, vermutlich weil sie kein gefestigtes Familienleben hatte; deshalb hatte ich Sorgen, der Versuch, mehr herauszufinden, könnte in einem Trauma enden. Und es gab eine Zeit, in der diese Suche sie vollkommen einzunehmen schien – sie trieb einen Keil zwischen uns. Ich konnte sie jedoch auf keine Weise von dem Weg abbringen, den sie eingeschlagen hatte.

Auch Frederick war Grace keine große Hilfe, denn er hatte seine eigenen Sorgen, hauptsächlich mit dem Studium in Cambridge. Er teilte die Vorbehalte seines Vaters. Grace' einzige tatkräftige Verbündete war damals also Hazel Bell. Während die Unterlagen zunahmen, phantasierten die beiden Frauen über Grace' wahre Eltern. Angeregt durch ihre Übungen in der Schreibwerkstatt, reimten sie sich eine wilde Romanze zusammen. In ihren Augen war das Schildern der leidenschaftlichen Affäre von Grace' Eltern die schriftstellerische Herausforderung.

»Wir dachten uns eine romantische Geschichte zweier Menschen aus, die zueinander finden, während Kriegswolken aufziehen«, erinnert Hazel sich. »Grace war davon überzeugt, daß ihre Mutter aus eher gebildeten Kreisen stammte. Ich sagte dann immer: ›Und was ist mit deinem Vater?‹ Zusammen entwarfen wir einen fröhlichen, unbändigen, verwegenen, recht gutaussehenden Kerl.«

Zum Glück kümmerten sich andere Leute mehr um die Fakten, vor allem das deutsche Konsulat, das für die Nachforschungen viel Zeit aufzuwenden schien. Im Sommer 1988 erhielt Grace nach vier Monaten vom Konsulat Antwort auf ihr Schreiben. Völlig unerwartet war plötzlich der Durchbruch geschafft. Man hatte in Deutschland Grace' Geburtsurkunde ausfindig gemacht. Ja, man hatte ihr sogar das Original geschickt. Sie war tatsächlich Susi Bechhöfer, geboren am 17. Mai 1936 in München. Diese Auskunft war zwar erfreulich, bestätigte aber nur, was Grace bereits wußte. Doch dann sah sie am Ende des Dokuments zum ersten Mal die Namen ihrer beiden Eltern. Die verschiedenen Nachnamen konnten damals natürlich nur bedeuten, daß ihre Eltern nicht verheiratet gewesen waren. Das war Grace freilich egal: Hauptsache, sie kannte nun ihre Identität. So weit war sie zumindest gekommen. In ihrem Tagebuch vermerkte sie das Hochgefühl jenes Tages:

> Ich schwebe wie auf Wolken, wahrhaftig. Es ist nur ein Bruchstück, aber es bedeutet mir wahnsinnig viel. Mein Vater hat einen Namen. Und meine Mutter auch. Zum ersten Mal sind sie richtige Menschen für mich. Ich habe das Gefühl, etwas herausbekommen zu haben. Ich hatte ihre Namen nie zuvor gesehen – es ist einfach herrlich.

Das Schriftstück verzeichnete auch, daß Rosa Bechhöfer am 7. Juli 1898 in Ansbach zur Welt gekommen war. Über ihren Vater Otto Hald fanden sich keine weiteren Auskünfte. War dies der Beginn einer Entdeckungsreise? Oder würde sie jetzt ins Stolpern geraten und stürzen? Während sie über ihr weiteres Vorgehen nachdachte, drängte sich ihr eine Frage auf: Was war aus Rosa und Otto geworden?

Oben. Rosa Bechhöfer, die mittellose, ledige Mutter, die ihre Kinder retten wollte.
Rechts. Otto Hald war ein großer Frauenheld, der Rosa verließ, als er erfuhr, daß sie mit Zwillingen schwanger war.

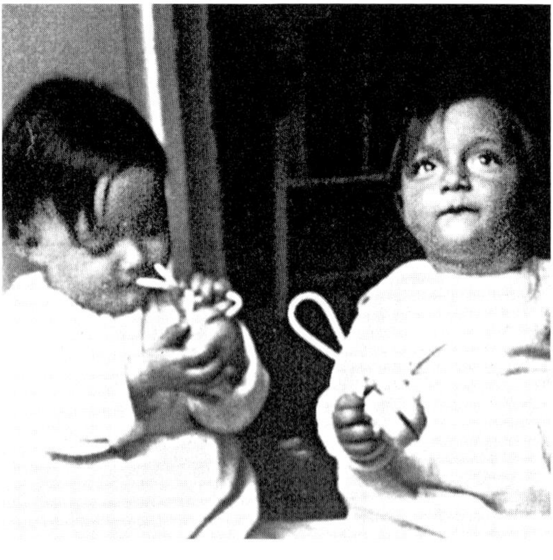

Oben. Das jüdische Waisenhaus Antonienheim in München war die erste Heimstatt von Rosas Kindern.
Unten links. Dieses Foto von Susi und Lotte an ihrem ersten Geburtstag tauchte nach fünfzig Jahren in Israel wieder auf.
Unten rechts. Die Zwillinge wurden von ihren Pflegeeltern in ihr neues Zuhause in Wales gebracht.

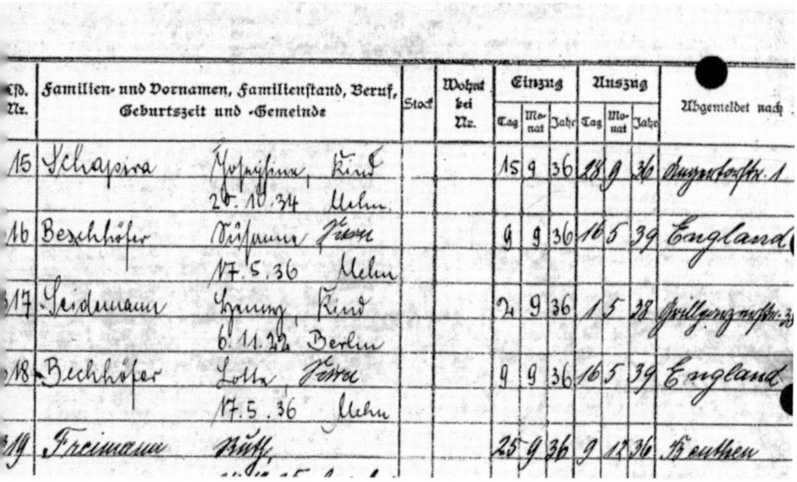

Lfd. Nr.	Familien- und Vornamen, Familienstand, Beruf, Geburtszeit und -Gemeinde	Stock	Wohnt bei Nr.	Einzug Tag	Einzug Monat	Einzug Jahr	Auszug Tag	Auszug Monat	Auszug Jahr	Abgemeldet nach
15	Schapira Josefine, Kind 20.10.34 Mchn			15	9	36	18	9	36	[illegible]
16	Bechhöfer Susanne Kind 17.5.36 Mchn			9	9	36	16	5	39	England
17	Seidemann Henny, Kind 6.11.22 Berlin			2	9	36	1	5	38	[illegible]
18	Bechhöfer Lotte, Kind 17.5.36 Mchn			9	9	36	16	5	39	England
19	Freimann			25	9	36	9	12	36	Beuthen

58

This document of identity is issued with the approval of His Majesty's Government in the United Kingdom to young persons to be admitted to the United Kingdom for educational purposes under the care of the Inter-Aid Committee for children.

THIS DOCUMENT REQUIRES NO VISA. N.T

5120

PERSONAL PARTICULARS.

Name BECHHÖFER SUSI

Sex FEMALE Date of Birth 17.5.36.

Place MÜNCHEN

Full Names and Address of Parents

BECHHÖFER OTTO u. ROSA

7, ANTONIENSTR.

MÜNCHEN 23

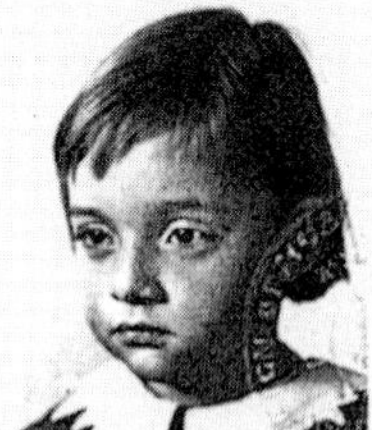

Oben. Die Kartei des Antonienheims beweist, daß Susi und Lotte Bechhöfer das Waisenhaus am 16. Mai 1939 Richtung England verließen, dreieinhalb Monate vor Ausbruch des Zweiten Weltkriegs.
Unten. Susis Einreisegenehmigung nach England.

Die Zwillinge, jetzt mit neuen Namen und an ihr neues britisches Leben gewöhnt.

Irene Mann zog die Zwillinge auf und erfüllte gleichzeitig ihre Pflichten innerhalb der Baptistischen Kirche. Von Anfang an schloß sie Lotte fester in ihr Herz.

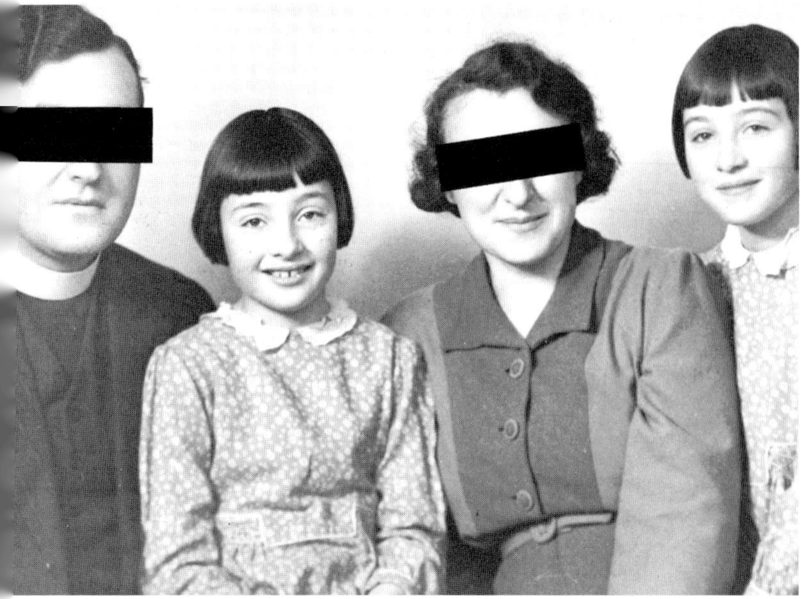

Oben. Die ersten Jahre mit Reverend Mann und seiner Frau.
Unten. Susi (in der Mitte mit Brille) in der Park School in Yeovil.

Oben. Lotte (Mitte, sitzend), 22, erhält den Preis für Tapferkeit angesichts ihrer Krankheit.
Unten links. Susi während ihrer Ausbildung als Krankenschwester.
Unten rechts. Brigitte Hald, München, hatte zufällig den gleichen Familiennamen wie Susis leiblicher Vater Otto Hald und half ihr bei der Suche nach ihren deutschen Wurzeln.

Martina Uhlitzsch, Susis Halbschwester aus Dresden.

Jerry Bechhofer (ganz links mit seiner Familie), wohnhaft in New York, war der Verwandte, auf den Susi bei ihrer Suche stieß.

Die praktizierende Psychoanalytikerin Susi Bechhöfer lebt heute in Rugby. Sie ist hier mit ihrem Ehemann Alan Stocken und ihrem Sohn Frederick abgebildet.

Zweiter Teil

LICHT IM DUNKELN

6. ROSA

Bertha Leverton arbeitete im Sommer 1988 auf Hochtouren. In knapp neun Monaten sollten ihre detaillierten Entwürfe und Vorbereitungen die Probe aufs Exempel machen. Der fünfzigste Jahrestag der Kindertransporte kam mit Riesenschritten näher, und sie war entschlossen, daß der Massenexodus jüdischer Kinder aus Deutschland, Österreich, der Tschechoslowakei und Polen gebührend gewürdigt werden sollte. Es handelte sich nicht darum, einfach dafür Werbung zu machen. Sie verfolgte eine ganz bestimmte Absicht damit. Bertha war im Alter von fünfzehn Jahren mit ihrer jüngeren Schwester aus München weggegangen und hatte mit der Zeit ihre Lebensaufgabe gefunden: Sie wollte ein Register mit den Namen und Adressen der Kinder erstellen, die auf den Kindertransporten dabei gewesen waren, damit diese sich miteinander und obendrein mit unter Umständen noch lebenden Familienmitgliedern und Freunden in Verbindung setzen konnten.

Bertha hoffte sehr, daß nach einem Treffen eine Sammlung von Einzelschicksalen entstehen würde, damit Juden wie Nichtjuden sich den Grausamkeiten der jüngsten Vergangenheit weniger leicht verschlossen. Natürlich stand der Holocaust als Tatsache fest, wie sie immer wieder sagte, aber das hieß nicht, daß man nicht hier und da ein klein wenig Tröstendes finden konnte. Viele ihrer Freunde ließen sich davon nicht beeindrucken und beschäftigten sich lieber mit weniger gewichtigen Themen, doch Bertha hatte die BBC überzeugt, ihr zuzuhören. So wurde schon bald ihre eigene ergreifende Geschichte der Trennung und des Kampfes in der Radiosendung *Woman's Hour* vor Millionen Zuhörern ausgestrahlt.

Grace Stocken hatte an diesem Tag zufällig *Radio Four* eingeschaltet, und als sie Bertha Leverton von dem bevorstehenden Treffen der Kindertransportangehörigen erzählen hörte, erkannte sie gleich, daß sie dort vielleicht den Schlüssel zu vielen wichtigen Türen finden würde. Ihre Geburtsurkunde hatte sie zwar aufgetrieben, aber seitdem war sie nicht viel weitergekommen. Da ihr auffiel, daß das Datum und die Umstände ihrer eigenen Flucht aus Deutschland mit den in der Sendung genannten Fakten übereinstimmten, vermutete sie, daß sie selbst eines dieser Kinder gewesen sein könnte.

Sobald die Sendung vorbei war, schrieb sie an Berthas Adresse in Stanmore im Nordwesten von London, die die BBC angegeben hatte. »Auch ich bin eine Überlebende, die im Mai 1939 aus München hierher kam«, erklärte sie. »Leider habe ich nie etwas über meine wahren Eltern erfahren und versuche jetzt gerade, zum ersten Mal Verbindung zu ihnen aufzunehmen.«

»Ich bekam viele Briefe«, erzählte Bertha, »aber als ich den von Grace las, fühlte ich mich sehr gerührt: Irgend etwas sagte mir, daß sie ein besonderer Fall war und ich ihr unter allen Umständen helfen mußte. Da ich selbst aus München kam, fühlte ich mich ihr besonders nah. Ihr Brief ging mir zu Herzen.« Sie schrieb zurück:

> Ihr Brief läßt vermuten, daß Sie, als Sie hierher kamen, noch zu klein waren, um sich an Ihre Kindertage zu erinnern. Ich habe einige Freunde, die aus München kamen, und vielleicht können wir Ihnen gemeinsam helfen, wenn wir Ihren Mädchennamen erfahren. Ich

kann mir viele Möglichkeiten vorstellen, wie Sie Verbindung aufnehmen können, aber es wird eine Weile dauern …

Grace war begeistert, daß sie eine neue Verbündete gefunden hatte. Es war jemand, der sie nicht nur ernst nehmen, sondern der ihr auch weitere Möglichkeiten eröffnen wollte. Nach dieser Antwort nahm Grace Berthas Angebot ohne Umschweife an. Eine Woche nach der Rundfunksendung schrieb sie ihren zweiten Brief an Bertha:

Anfang des Jahres brachte ich die Sache ins Rollen und erhielt vor sechs Wochen meine Geburtsurkunde. Nach 52 Jahren weiß ich endlich, wer mein Vater und meine Mutter waren (ich habe nur die Namen). Ich war eine von zwei Zwillingsschwestern. Wir wurden beide hierhergebracht und lebten (etwas unglücklich) bei einer Familie in Wales. Meine Schwester starb im Alter von 35 Jahren an einem Gehirntumor. Seit dem Alter von 19 Jahren habe ich als Krankenschwester gearbeitet und mich erst vor kurzem zur Ruhe gesetzt. Ich teile Ihnen diese Einzelheiten mit, damit Sie etwas besser über mich Bescheid wissen. Endlich habe ich das Gefühl, ein »Bindeglied« gefunden zu haben. Ich bin Gott sei Dank glücklich verheiratet und habe einen Sohn, der ein hochbegabter Musiker ist. Er ist zum Orgelstudium in Cambridge und hofft, Komponist und Dirigent zu werden. Und er schafft es bestimmt! Sonst kenne ich keine Verwandten, aber vielleicht gibt es anderswo noch welche? Können Sie mir helfen?

Die Lage ist etwas ungewöhnlich. Mein Vater hieß Otto Hald, meine Mutter Rosa Bechhöfer. Ich heiße Susi Bechhöfer, meine Schwester Lotte Bechhöfer. Geboren am 17. 5. 1936 in München. Wir wurden 1939 angeblich aus einem Waisenhaus hierhergebracht, das drei Wochen später abgebrannt sein soll. Ich teile Ihnen dies nur mit, weil jeder Hinweis wichtig sein könnte. Ich weiß nicht so recht, was ich als nächstes unternehmen soll. Können sie mir raten? Bitte tun Sie es nur, wenn Sie Zeit dafür haben und legen Sie diesen Brief ganz unten in Ihren Stapel.

Bertha hatte keineswegs die Absicht, Grace' Brief nach ganz unten zu legen, und unterbrach ihre vielen organisatorischen Aufgaben zur Vorbereitung des Treffens wieder, um ihn sofort zu beantworten.

Sie sind mir überhaupt nicht lästig und bestimmt auch nicht die einzige in dieser Lage – persönlich ist mir aber ein Fall wie der Ihre noch nicht begegnet. Meine Schwester, die damals acht war und mit einem späteren Transport hierher kam, erinnert sich an einen zehn Monate alten Säugling und ein kleines zweijähriges Mädchen, die sich mit ihr im Zug von München befanden.

Wenigstens haben Sie Ihren Namen und Ihre Geburtsurkunde ausfindig gemacht. Ich lege Informationen über zwei Dinge bei, mit denen Sie es versuchen könnten. Erstens hat oder hatte der *Central British Fund* Unterlagen über alle Kinder, die damals ankamen. Das fand ich vor kurzem zufällig heraus und bat um meine Angaben. Man antwortete mir jedoch, daß einige Unterlagen im Krieg verloren gingen. Zweitens füge ich eine Monatszeitschrift bei, die in London erscheint. Sie können einen Brief an die Redaktion schreiben, in dem Sie sich an Leute wenden, die aus München kamen und sich vielleicht an ihre Familie erinnern. Außerdem gibt es in London ein paar jüdische Altersheime. Einige der Bewohner können sich vielleicht an Ihre Eltern erinnern. Ich würde vorschlagen, daß Sie einen Rundbrief an jede Heimleiterin schicken. Tippen Sie ihn in einer möglichst großen, deutlichen Schrift. Handschriften sind schwer zu lesen.

Wenn Sie unternehmungslustig genug sind, könnten Sie sich sogar an die Abteilung der BBC wenden – der Name fällt mir gerade nicht ein –, die weltweit Suchmeldungen ausstrahlt, wenn die Sache sie interessiert. Das BBC-Fernsehen teilte mir gestern übrigens mit, daß es der Angelegenheit breiten Raum geben will. Wenn Sie möchten, könnten Sie dort Interesse an Ihrer Geschichte wecken. Allerdings sollte Ihnen klar sein, daß das Fernsehen, wenn es die Sache übernimmt, daraus eine große Sache machen würde, so daß Sie und Ihre Geschichte sehr bekannt würden. Ich an Ihrer Stelle würde ganz an die Öffentlichkeit gehen, aber mir ist klar, daß es manche Menschen stört, in die Nachrichten zu kommen. Ein bestimmtes Ergebnis oder die Bereitschaft der BBC kann Ihnen natürlich niemand versprechen. Aber im Zusammenhang mit der Fünfzigjahrfeier könnte es etwas bringen. Die Entscheidung liegt natürlich bei Ihnen. Ich helfe Ihnen gern, so gut ich kann.

Als Bertha Grace vorschlug, sich an den *Central British Fund* zu wenden, hatte sie ihr den bestmöglichen Rat gegeben. Denn in London lagen in den *Jewish Refugee Archives* eine Reihe von Papieren, die Auskunft über das Antonienheim erteilten, in dem die Zwillinge von ihrer Mutter untergebracht worden waren. Dort lagen in Aktenschränken oder in Regalen, in denen sich über die

Jahre Staub angesammelt hatte, die Dokumente, die es Susi und Lotte Bechhöfer ermöglicht hatten, nach England einzureisen.

Nachdem Grace fast fünfzig Jahre lang keinerlei Auskünfte über ihre Herkunft bekommen hatte, war sie jetzt von der Möglichkeit überwältigt, daß es solche Akten geben könnte. Wie oft hatte man ihr nicht erzählt, daß sie verbrannt waren? Das entsprach offenkundig nicht der Wahrheit. Der *Central British Fund* hatte allerdings keine Eile, die Unterlagen herauszugeben. Grace' Anfrage mußte von der Vollversammlung genehmigt werden.

Ihr standen größere Umbrüche bevor, und da sie wußte, daß sie in prekärer Verfassung war, unterzog sie sich einer Reihe therapeutischer Sitzungen. Ihr bester Freund blieb jedoch ihr Tagebuch. Immer wieder fand sie dort Trost und Unterstützung. Diese Art der Selbsthilfe war so wirksam wie jede Therapie.

> Bertha ist einfach unglaublich. Ihr Einsatz für meine Sache ist umwerfend. Ich habe den Namen Bechhöfer zum ersten Mal in meinem Leben ZWEIMAL gehört. Ich fühle mich froh, verwirrt, durcheinander, das Zusammentreffen der Ereignisse ist bemerkenswert. Ob sie alle miteinander zu tun haben? Ich muß für alles offen bleiben. Ich habe heute abend ein ganz besonderes Gefühl. Mein Schicksal muß irgendwo aufgezeichnet sein. Ich habe noch viel zu lernen. Hoffentlich halte ich Augen und Ohren auf für das, was man mir sagt. Ich brauche Hilfe. Jemanden, der zuhören und meinen wahren Gefühlen auf den Grund gehen kann ...

Der Tagebucheintrag des folgenden Tages verrät eine Mischung aus Hoffnung und Leid:

Ich werde mir allmählich der entscheidenden Dinge bewußt, die mir keine Ruhe ließen – das Aussetzen der Mutterbindung –, ihres Leids, meines Leids, der Orientierungslosigkeit, in der ich mich oft befinde und die meine Gefühle verwirrt haben, meines endlosen Suchens und Sehnens, meiner Alpträume und Ängste. Ich habe das Gefühl, allmählich Boden unter den Füßen zu bekommen und ein Wunder zu erleben – mir wird der Sinn meines Lebens klarer.

In praktischer Hinsicht bestand Grace' Suche in diesem Stadium aus Materialsammeln. Während sie auf ihre Antwort vom *Central British Fund* wartete, schrieb sie an eine Unzahl von Einzelpersonen und Organisationen. Sie setzte sich mit dem Roten Kreuz in London in Verbindung und dann mit dem Internationalem Suchdienst des internationalen Komitees des Roten Kreuzes in Arolsen. Sie trat in Kontakt mit einer Reihe von Altersheimen in London und Dublin. Sie schrieb an das *World Tracing Centre* und die »Vereinigung jüdischer Veteranen«. Ihre Strategie lautete ganz einfach: jede Gelegenheit beim Schopf packen, jeder Verbindung mit äußerster Energie nachgehen. In diesem Sinne wandte sie sich um Hilfe an das *Jews' Temporary Shelter* in London. Dort erfuhr sie allerdings nur, daß leider keine seiner Unterabteilungen ihr bei der Suche nach ihren Eltern dienlich sein konnte.

Grace verschickte und empfing zahlreiche weitere Briefe und telefonierte viel. Der Umfang ihrer Suche – und damit auch ihre finanzielle Belastung – nahm täglich größere Ausmaße an. Wenn beim Aufsetzen und Lesen von Briefen bald eine Hoffnung zerstob, bald eine neue geweckt wurde, hielt sie immer wieder inne und fragte sich nach ihren Beweggründen. »Warum tue ich das alles?« schrieb sie in ihr Tagebuch. »Weil ich glaube, daß es noch untertrieben wäre, anzunehmen, es würde Rosa warm ums Herz werden, wenn sie von all dem erführe. Wenn sie wüßte, daß ich ihr nachspüre. Es ist unglaublich. Das verdanke ich dem Schicksal und der Hilfe vieler Menschen wie Bertha und den Leuten von der BBC.«

Grace hatte als Kind natürlich keinen Einfluß auf ihre Erziehung gehabt, war aber in christlichen Verhältnissen aufgewachsen. Ihr Pflegevater hatte seinen Lebensunterhalt erst als Baptistenpfarrer und dann als Vikar der anglikanischen Kirche verdient, deshalb konnte es gar nicht anders sein. Sie hatte ihr ganzes Leben weit weg von den Großstädten Großbritanniens verbracht, in denen das jüdische Leben schon lang blühte und noch immer virulent ist: Orte wie London, Manchester und Leeds. So war Bertha Leverton die erste Jüdin, mit der Grace wissentlich in Kontakt stand – zumindest seit ihrem Aufbruch aus dem Antonienheim als Dreijährige.

Doch jetzt wurde ihr allmählich bewußt, daß sie selbst Jüdin sein könnte. An diese Möglichkeit hatte sie vorher gar nicht gedacht, da sie ja nichts über ihre Vergangenheit und das Schicksal des europäischen Judentums wußte. Noch nicht einmal, als sie Bertha Leverton im Radio über die Kindertransporte reden hörte, kam sie auf die Idee, obwohl sie sich diesen Kindern auf merkwürdige Weise nah fühlte. Erst als sie Verbindung zu Bertha aufnahm und in den Briefen deren Sicherheit und Aufrichtigkeit spürte, begann es ihr zu dämmern. Ob bewußt oder unbewußt, Bertha verschwendete gar keinen Gedanken daran, daß es anders sein könnte. Sie ließ es vielmehr als gewiß erscheinen, daß Grace Jüdin war, als sie beiläufig auf den *Jewish Chronicle* und den Zentralrat der Juden in England verwies sowie vorschlug, alle ihre jüdischen Freunde zu fragen, ob sie irgend jemanden namens Bechhöfer kannten.

Auch Hazel Bell, die Freundin in Rugby, die Grace so nachdrücklich ermutigt hatte, sich auf die Suche nach ihrer Vergangenheit zu begeben, war sich der Möglichkeit bewußt, das Grace Jüdin sein konnte:

> Plötzlich hat man es mit einer Christin zu tun, deren Sohn hin und wieder Orgelkonzerte in der Pfarrkirche von St. Andrew spielt – und dann bekommt man mit einem Mal die Idee, daß sie Jüdin sein könnte. Das machte sie ziemlich perplex – und mich eigentlich auch. Denn ich dachte mir immer, daß wir u. a. zwei Dinge gemeinsam hatten: daß wir Engländerinnen seien – gut, das trifft nun nicht zu, sie ist keine Engländerin, sie ist Deutsche oder zumindest im Grunde –, und dann: daß wir Christinnen sind – und das steht vielleicht auch in Frage, weil sie vielleicht gar keine ist. Vielleicht ist sie Jüdin.

Natürlich gab es da gar kein Vielleicht. Bertha hatte Grace bei ihren Telefonaten schon mehrfach darauf hingewiesen, daß Bechhöfer ein eindeutig jüdischer Name sei. Aber da täuschte sie sich. Bechhöfer ist ein vollkommen typischer, wenn auch nicht sehr häufiger deutscher Name, der lediglich darauf verweist, daß die Vorfahren seiner Träger aus einem Ort namens Bechhof oder Bechhofen kamen. Es gibt in Deutschland, Österreich und der Schweiz Hunderte von Namen ähnlichen Ursprungs. Es stimmt zwar, daß die meisten deutschen Namen in Großbritannien die von Juden sind, aber der Name Bechhöfer hatte nichts eindeutig Jüdisches. Trotzdem hatte Bertha Grace ganz klar eine Idee in den Kopf gesetzt. Und diese war derart, daß Grace Stocken, Christin, Kirchgängerin und über lange Jahre Abonnentin der *Church Times*, sie nur schwer verdauen konnte. Sie wußte kaum, daß es in England eine jüdische Gemeinde gab, und mit deren Bräuchen und Glaubensregeln war sie schon gar nicht vertraut.

»Ich wußte nicht, was ›koscher‹ bedeutet«, erinnert Grace sich. »Der Sederabend und das alles sagten mir gar nichts. Für mich waren Juden Leute, die im Londoner East End wohnten. Es waren Schneider, die zu viel Geld gekommen waren.«

Wieder schlug Bertha vor, Grace solle sich beim *Central British Fund* in London nach Unterlagen über sich und ihre Zwillingsschwester wenden. Nach ihrer Überzeugung war dort verzeichnet, daß sie auf einem der Kindertransporte nach Großbritannien gekommen waren. Und da die Institution mit Sicherheit Unterlagen über ihre Pflegschaft besaß, hatte sie vielleicht auch etwas über die Jahre davor – und vielleicht über ihre Mutter. Der *Central British Fund* bat Grace, nach London zu kommen, da solche Angelegenheiten nur persönlich geregelt werden konnten. An einem grauen Novembermorgen holte Bertha sie am Bahnhof Euston ab. Da sah Grace zum ersten Mal das freundliche Gesicht, das sie sich schon so oft ausgemalt hatte.

Beim *Central British Fund* traf Grace auf Heather Salmon, die Sekretärin des *Jewish Refugees Committee*, deren freundliche und selbstsichere Art ihr gleich Vertrauen einflößte, obwohl sie ein so schwieriges Thema zu besprechen hatten. Heather machte ihr klar, daß es kaum Schwierigkeiten bei der Einsicht in die Papiere geben würde und daß die formelle Zustimmung des Komitees in höchstens ein oder zwei Wochen erfolgen werde. Doch bevor sie auf die Unterlagen zu sprechen kam, riet sie Grace, sich ein wenig Zeit zu nehmen, um sich über das

Judentum zu informieren, ehe sie mögliche neu entdeckte Verwandte kennenlerne. Dann erklärte sie ihr, wie die Akten der Vereinigung gesammelt und gelagert wurden und daß in einigen Fällen Materialien verlorengegangen seien. Die Einzelheiten der Übergabe der Bechhöfer-Zwillinge in die Pflegschaft der Manns lagen aber vor, und für Grace war es besonders schmerzhaft zu sehen, daß das Ehepaar bei Beginn von Eunice' Krankheit um zusätzliche finanzielle Hilfe gebeten hatte.

Bei dem Treffen hörte Grace Heather auf einmal wie von Ferne fragen: »Soll ich Grace oder Susi zu Ihnen sagen?« Sofort wollte Grace antworten: »Grace natürlich.« Aber dann hielt sie inne und wurde sich deutlich zweier Dinge bewußt: Erstens war sie nicht, wer sie dachte gewesen zu sein; und zweitens konnte sie ihre Identität auswählen: »Vielleicht Susi-Grace unter diesen Umständen«, erwiderte sie.

Bis sie an diesem Abend nach Hause kam, hatte sie einen Entschluß gefaßt: Grace sollte es von sofort an nicht mehr geben. »Als Grace an dem Abend hereinkam und verkündete, daß sie fortan Susi genannt werden wollte, habe ich laut losgelacht«, erinnert Alan sich. »Ich konnte nicht anders. Ich hatte mich so an ihre wechselnden Launen gewöhnt, daß ich das für eine davon hielt. Ich wußte aber, daß ihr der Name Grace nie behagt hatte. Darum hielt ich es für das beste, sie ›meine Liebe‹ zu nennen. Das hielt ich für den einfachsten Ausweg.« Im Grunde störte es Alan nicht, daß aus Grace Susi wurde; er hatte etwas dagegen, daß seine Frau den fremd klingenden Namen Bechhöfer anstelle seines eigenen Nachnamens annehmen könnte.

Für Susi jedoch war die Namensfrage sehr ernst, wenn auch aus anderen Gründen. Wenn sie den Namen Grace ablegen konnte, dann könnte sie ja vielleicht auch die

Gefühle loswerden, die der Trägerin dieses Namens zu schaffen gemacht hatten! Bald konnte sie Alan davon überzeugen, daß sie gar keine Wahl hatte und die Annahme eines neuen Namens, der so fremd war und aus dem Nichts zu kommen schien, ganz wesentlich zur Wiederfindung ihrer verlorengegangenen Identität war.

Jetzt schenkte Alan seiner Frau bei ihrer gesamten weiteren Suche die Hilfe, die sie so dringend brauchte. Er hielt die ganzen Jahre, die die Suche in Anspruch nahm, zu Susi und besaß die ruhige Nüchternheit, die den perfekten Kontrast zu ihrer gelegentlich übertriebenen Begeisterung bildete. Er fand Abstand genug, um ihr ganz offen zu sagen, was er dachte, doch sie wußte, daß er sie nicht behindern und schon gar nicht den Stab über ihr brechen würde, egal, ob er mit ihrem jeweils letzten Schritt einverstanden war oder nicht.

Während die Vorbereitungen für das Kindertransporttreffen ihren Lauf nahmen, wurde Bertha von Sally George angesprochen, einer begabten Fernsehproduzentin, die für die BBC arbeitete. Sally hatte den Auftrag, einen Dokumentarfilm über die Kindertransporte zu machen. Ihr vorläufiger Titel lautete »Keine Zeit zum Abschiednehmen«, ein Satz, der gar nicht besser hätte passen können, obwohl sie damals noch nichts von der Familie Bechhöfer wußte. Bertha drängte darauf, daß Sally und Susi einander kennenlernten; sie war überzeugt, daß diese Geschichte das Publikum in Bann schlagen würde.

Susi stellte gerade weitere Nachforschungen an, doch diese eigneten sich kaum für Dokumentarberichte im Fernsehen. Wie üblich sammelte sie fleißig Informationen. Wie sonst sollte sie die Religion einschätzen, der sie durch ihre Geburt angehörte? Sie nahm sich ein paar

Tage Zeit und las sich durch einen Stapel Bücher mit Titeln wie *Dictionary of Judaism* und *Being Jewish*. Was Susi über die jüdische Identität und Geschichte erfuhr, stellte ihre Gefühle auf den Kopf. Die Schilderung der Kindertransporte etwa öffnete ihr die Augen über ihr eigenes Leben und das der Juden. Da dies äußerst schmerzlich war, konnte Susi sich am leichtesten ihrem Tagebuch anvertrauen.

> Ich gehe wieder durch die Flure der Kindheit. Ich muß diese Kindheit wiedergewinnen. Ich wurde verleugnet; mein Judentum und mein Erbe auch. Wir Kindertransportkinder haben fünfzig Jahre lang unsichtbare Schilder um den Hals getragen. Erst jetzt werden wir anerkannt. Es hat natürlich Mut dazu gehört, uns in die Züge und Schiffe zu setzen. Aber die Schreie hallen noch heute in unseren Herzen nach.

Am 13. Oktober 1988 stieß Susi einen ganz anderen Schrei aus: vor ungehemmter Freude. An diesem Tag erhielt sie die Auskunft über ihre Mutter, auf die sie so geduldig gewartet hatte. Heather Salmon hatte die Akten studiert und schrieb an Susi: »Wir konnten in unseren Archiven ein paar Aktenstücke und Karteikarten finden, die sich auf Sie, Ihre verstorbene Zwillingsschwester Lotte und Ihre Mutter Rosa Bechhöfer beziehen, die als Hausangestellte nach England kam. Das Datum ihrer Ankunft ist allerdings unbekannt.

Susi erinnerte sich später an diesen Tag:

> Ich war einfach fassungslos, daß sie womöglich hier im Land war. Und ich hatte mir ausgerechnet, daß sie neunzig oder einundneunzig sein mußte. Das hieß, so dachte ich, daß sie wohl kaum noch am Leben sein

würde – aber die Möglichkeit bestand. Darum fühlte ich mich mit aller Macht getrieben, alles zu unternehmen, um sie ausfindig zu machen. Über den Gedanken, daß man sie nicht in ein Konzentrationslager gesteckt hatte, war ich ganz aufgeregt, denn das hatte ich natürlich stets im Hinterkopf gehabt. Es war ihr irgendwie gelungen, den Nazis zu entrinnen, und sie war in dieses Land gekommen, um nach ihren Töchtern zu suchen. Vielleicht hatte sie uns nicht gefunden, weil man unsere Namen geändert hatte.

Dieser Durchbruch stärkte Susis Entschlossenheit gewaltig. Sie verdoppelte ihre Anstrengungen und rief in jedem einzelnen jüdischen Altersheim des Landes an. Jedesmal entschuldigte sie sich für die Störung und sagte einfach, daß sie eine alte Frau namens Rosa Bechhöfer suche. Dann nannte sie die wenigen Daten, die sie über ihre Mutter herausbekommen hatte. Doch es hatte alles keinen Zweck. Niemand hatte je von ihr gehört.

Ohne sich entmutigen zu lassen, wandte Susi sich an die Visaabteilung des Londoner Innenministeriums, das die entsprechenden Anträge als erste Behörde bearbeitet hatte. Sie nannte das Aktenkennzeichen und das Datum des Visumantrags ihrer Mutter ans Innenministerium – DOM 36572, 30. April 1943 –, wovon sie dank der Einsicht in die Unterlagen des *Central British Fund* wußte. Susi war zwar bekannt, daß sich das Datum eher auf den Eingang des Antrags als auf den Absendetag bezog, sie war sich aber sicher, daß die genannten Angaben den Beamten einen konkreten Anhaltspunkt lieferten.

Susis Hoffnungen stiegen, als sie erfuhr, daß die britische Regierung im Frühjahr 1943 solche Anträge noch bearbeitete. Trotzdem hatte sie noch immer keine Spur von Rosa Bechhöfer.

7. OTTO

Otto Hald fühlte sich am wohlsten, wenn er in seiner Werkstatt war. Dort verbrachte er Stunden mit der Analyse metallischer Stoffe, ehe er sie zugunsten anderer verwarf. Dabei fragte er sich die ganze Zeit, ob er eines Tages das Glück haben würde, einen Stoff zu finden, den er patentieren lassen und vertreiben konnte. Obwohl sie nicht so recht zusammenpaßten, hießen Ottos drei große Leidenschaften: Wein, Weib und Schweißen.

Rosa Bechhöfer war nur eine von vielen Frauen, die sich mit Otto einließen. Seit seinem überstürzten Aufbruch aus München Anfang 1936, als Rosa im fünften Monat schwanger war, hatte er alles getan, um ihr Elend und seine Schuld zu verdrängen – allerdings nicht immer mit Erfolg.

Otto hatte selbst keine leichte Kindheit gehabt. Als jüngstes von vier Kindern war er erst zehn, als seine Mutter Mathilde Hald starb. Er hätte diesen schweren Schlag womöglich leichter verkraftet, hätte sein Vater nicht so schnell wieder geheiratet. Doch so befand Otto sich binnen eines Jahres in einer angespannten Beziehung zu einer vierzigjährigen Stiefmutter. Falls all dies ihn mitnahm, verbarg er es gut, denn er war schon als Jugendlicher ein kontaktfreudiger Mensch und vermittelte von sich das Bild eines schöpferischen Menschen, der mühelos großes Selbstvertrauen ausstrahlte: eine nach außen gekehrte, dynamische Persönlichkeit mit einem gesunden Lebenshunger.

Ein paar Jahre später brauchte man Otto nicht zu sagen, daß er auf viele Frauen in der Tat anziehend wirkte. Das lag an seinem sprühenden Witz und großspurigen Auftreten, aber auch daran, daß er mit dem dunklen Teint und den durchdringenden braunen Augen sehr attraktiv wirkte. Auch die Tatsache, daß seine Geschichten oft nicht mit der Wirklichkeit übereinstimmten, schreckte seine Verehrerinnen offenbar nicht ab. Die alte Gertrud May aus Ottos Heimatstadt Göppingen setzte sich mit der BBC in Verbindung, nachdem diese zu Auskünften über Grace' Vater aufgerufen hatte. Sie war möglicherweise der einzige noch lebende Mensch, der Otto persönlich gekannt hatte. Den Eindruck, er stamme aus einer reichen Familie, den Otto immer erweckt hatte, überführte sie als Aufschneiderei, leugnete aber nicht seinen Erfolg bei Frauen:

> Er war ein Casanova! Immer führte er was im Schilde. War immer nach Mädchen aus. Das war sein größtes Steckenpferd. Arm wie eine Kirchenmaus, aber immer ein großes Mundwerk. Er prahlte immer, doch nichts davon stimmte. Wie seine Angeberei mit einer großen Fabrik. Solche Sachen. Wissen Sie: »Meinem Vater gehört eine große Fabrik. Ich wohne in einem prächtigen Palast« – beides stimmte einfach nicht. Gut sah er aber schon aus, ein wirklich fescher Mann. Darum waren die Frauen zwar hinter ihm her, aber nicht halb so sehr wie er hinter ihnen.

Rosa Bechhöfer war Ottos unzweifelhaftem Charme erlegen. Sobald sie jedoch mit seinen Zwillingen schwanger ging, wurde ihr klar, daß das Verhältnis, abgesehen davon, daß die nationalsozialistischen Rassegesetze es verboten, ein abruptes Ende nehmen würde. Sie merkte auch, daß das Verhalten ihres Liebhabers keineswegs so reizend war, wie sie gedacht hatte; er konnte ihr nicht einmal ins Gesicht sagen, daß Schluß war. Statt dessen packte er seine Koffer und verließ München auf der Suche nach neuen Vergnügungen.

Später diente Otto als Gefreiter in Hitlers Armee treu seinem Führer, obgleich er wie viele Deutsche nie mit dem Herzen dabei war. Selbst die Verwüstungen des Krieges taten seiner Begeisterung fürs andere Geschlecht keinen Abbruch. Im Herbst 1942, als die großen Kriegswenden in Stalingrad und El Alamein bevorstanden, lernte er Luise Lehmann kennen. Otto war achtundzwanzig und Luise rund sieben Jahre jünger.

Das Paar heiratete im Januar 1943, aber sechs Jahre später konnte Luise Ottos Benehmen nicht mehr ertragen. Sie war ihm zwar sicher treu ergeben, doch seine Frauengeschichten und seine Trunksucht waren zuviel für sie. Er beachtete das verzweifelte Ultimatum nicht, das sie ihm stellte. Darum leitete sie die Scheidung ein. Otto, der an Zurückweisungen nicht gewöhnt war, tröstete sich nicht nur mit Alkohol, einem ihm bestens vertrauten Heilmittel, sondern auch damit, daß die Zeit, die er in seiner Werkstatt zugebracht hatte, sich endlich auszuzahlen schien. Anfang der fünfziger Jahre nämlich, als Deutschland sich nach den Verwüstungen des Krieges zu einem raschen und gründlichen Wiederaufbau anschickte, war er sich sicher, einen Werkstoff ohnegleichen gefunden zu haben. Er konnte gar nicht schnell genug nach Leipzig aufs Patentamt fahren, um das Produkt anzumelden, das er Sepa-Ha nannte.

Ottos Erfindung war so erfolgreich, daß er sich zwei Jahre nach der Markteinführung mit einem Problem konfrontiert sah, dem er noch nie begegnet war: zwei deftigen Steuerforderungen. Er hatte kein Geld für diesen Fall beiseite gelegt und konnte absolut nicht zahlen. Ottos Lösung des Problems war nicht ganz neu: Er schlich sich eines frühen Morgens aus Leipzig fort und schlug sich nach Westdeutschland durch. Nie wieder, so schwor er, wollte er nach Ostdeutschland zurück. Sich selber treu, lud Otto seine Haushälterin ein, ihm auf seiner Reise ins Ungewisse zu folgen, um sicherzustellen, daß sein Leben als Steuerflüchtling nicht zu einsam werden würde. Da sie seit einigen Jahren seine Geliebte war, willigte sie gern ein.

Das Paar ließ sich in der Ruhrgebietsstadt Marl nieder, wo Otto durch die vielen Chemiefabriken und Westdeutschlands aufstrebende Wirtschaft mehr als genug Arbeit hatte. Aber durch eine Extravaganz nach der anderen verjubelte er das Geld, das er mit seinem Patent auf Sepa-Ha verdient hatte. Im übrigen gab er seiner Ex-Frau nicht einen Pfennig, sondern verweigerte stur jede Zahlung.

Susi nahm die Suche nach ihrem Vater 1988 auf. Sie war sich nicht sicher, ob er gestorben war oder noch lebte – die einzige Auskunft, die sie bis dahin erhalten hatte, bestand aus seinem Namen. Anders als die Akte über ihre Mutter, die tagtäglich umfangreicher zu werden schien, besaß sie zu Otto Hald gar nichts. Gerade weil sie so wenig über ihn wußte, gab Susi sich romantischen Illusionen über ihn und seine Beziehung mit Rosa hin. Zu Beginn ihrer Suche nach ihm schrieb sie in ihr Tagebuch:

> Mein Instinkt sagt mir, daß es eine Liebesgeschichte war. Ich glaube, daß sie sehr verliebt waren und es zum Teil an den finsteren, drückenden Zeiten und der Unsicherheit darüber, was der nächste Tag bringen würde, lag, daß sie ihre Beziehung eingingen. Mein Vater könnte, glaube ich, gesagt haben: »Es ist schon in Ord-

nung, wir lieben einander, also tun wir, was wir im Moment tun können.« Wäre die Lage im Jahr 1936 anders gewesen, so hätten sie sicher geheiratet.

Susi hatte keine Ahnung, wie sie es anstellen sollte, mehr über ihren Vater herauszubekommen. Darum tat sie, was ihr mittlerweile in Fleisch und Blut übergegangen war: Sie schickte eine Unmenge von Briefen los. Den Anfang machte sie dabei mit den Suchorganisationen, an die sie sich schon wegen ihrer Mutter gewandt hatte. Ob der Internationale Wohlfahrtsverband des Britischen Roten Kreuzes etwas über Otto Hald wußte? Nein, das war nicht der Fall. Die deutsche Botschaft in London? Das Deutsche Rote Kreuz? Oder sein Internationaler Suchdienst in Arolsen? Nachdem Susi einen negativen Bescheid nach dem anderen erhalten hatte, war ihr klar, daß sie an die Sache völlig anders herangehen mußte. Von einer Kleinstadt in Warwickshire aus konnte sie nicht weit kommen. Sie brauchte einen Verbündeten, der sich mit der Materie auskannte, eine Art Bertha Leverton, die Deutsch können mußte und sich genauso eifrig für ihre Sache einsetzen würde wie die Organisatorin des Kindertransporttreffens. Aber wie sollte sie an einen solchen Menschen herankommen?

Ob in München noch irgendwelche Halds lebten? Über die internationale Auskunft der britischen Telecom erfuhr Susi, daß in der Stadt drei Halds verzeichnet waren: Christl, Nikolaus und Brigitte. Sofort entschied sie sich für den dritten Namen und notierte sich Telefonnummer und Adresse. Da sie nie schüchtern war, wenn sie etwas über ihre Eltern herausfinden wollte, setzte sie noch am gleichen Abend einen Brief an Brigitte Hald auf:

Liebe Frau Hald,

ich habe Ihren Namen und Ihre Adresse über die internationale Telefonauskunft erfragt und schreibe Ihnen mit der Bitte um Hilfe in einer persönlichen Angelegenheit. Ich möchte Herrn Otto Hald ausfindig machen, der jetzt zwischen 70 und 80 sein dürfte. Ich weiß, daß er in den Jahren 1935/36 in Verbindung mit Fräulein Rosa Bechhöfer stand, habe aber keine weiteren Angaben. Es würde mir sehr viel bedeuten, mit Herrn Hald oder einem Mitglied seiner Familie in Verbindung treten zu können. Ich vermute, daß Sie mir in der Angelegenheit vielleicht nicht weiterhelfen können. Sollte dies der Fall sein, wäre ich Ihnen dankbar, wenn sie mir die Namen und Adressen aller anderen Menschen in München mit dem Namen Hald mitteilen würden.

Ich kann nicht viel Deutsch und bediene mich eines Übersetzungsbüros, das ich im Hinblick auf eine Antwort gern wieder in Anspruch nehmen würde. Ich danke Ihnen in jedem Fall für jegliche Hilfe, die Sie mir in dieser Sache geben können, und sehe Ihrer Antwort erwartungsvoll entgegen.

Mit freundlichen Grüßen
Grace Stocken

»Im Sommer 1988 bekam ich einen Brief aus England«, erzählte Brigitte Hald später. »Von Grace Stocken. Er war ins Deutsche übersetzt, weil die Verfasserin nur Englisch konnte. Sie schrieb, daß sie nach einem Otto Hald suchte. Von dem hatte ich nie gehört. Von der Engländerin auch nicht. Warum sie nach Otto Hald suchte? Ich muß sagen, daß ich darauf neugierig war.«

Brigitte Hald war sogar so neugierig, daß sie, sobald Susi ihr die wichtigsten Einzelheiten der Geschichte mitgeteilt hatte, an das Archiv der Stadt München schrieb und alle Halds anrief, deren Nummer sie habhaft werden konnte. Hatte jemand von einem relativ alten Mann namens Otto gehört? so fragte sie.

Die dreiundvierzigjährige Brigitte war selbst ein Zwilling. Sie war Sozialhelferin, und ihre Eltern hatten sich beide lautstark gegen den Nationalsozialismus gewandt. Anders als die meisten überlebten sie jedoch und konnten ihre Geschichte erzählen. Brigitte sollte sich als effiziente Verbündete herausstellen – wobei Susi nicht wußte, daß sie damit etwas von dem ungeheuren Unheil gutzumachen versuchte, das die Nazis angerichtet hatten. »Ich glaube, ich habe wieder Glück gehabt«, schrieb Susi in ihr Tagebuch.

Sicher lag es nicht an mangelndem guten Willen, daß Brigitte nach einigen Monaten Suche keine Fortschritte melden konnte. Manche Behörden waren zur Zusammenarbeit bereit gewesen, andere nicht. Bisweilen durften Akten von der Öffentlichkeit eingesehen werden, in anderen Fällen stellte sich heraus, daß sie verlorengegangen oder vernichtet waren. Brigittes Telefonrechnung wurde schnell höher, ihr Dossier zu Otto Hald wuchs jedoch nicht. Trotzdem schrieb sie alle paar Monate an Susi, um sie auf dem laufenden zu halten, auch wenn es nicht viel zu berichten gab. So öffnete Susi im Frühjahr 1989 einen Brief, in dem stand: »Ich schreibe Ihnen wiederum, obwohl ich keine Neuigkeiten über Ihren Vater habe. Es tut mir leid.« Im Sommer hatte sie immer noch nichts anzuzeigen. Susi war diese Leier auf deprimierende Weise gewohnt.

Da Brigitte klar war, daß Rosa und Otto mit ihrem Verhältnis gegen die Gesetze verstoßen hatten, war sie auf die Idee gekommen, den Verantwortlichen zu schreiben, die die Archive in Dachau führten, dem München am nächstgelegenen Konzentrationslager. Als erstes KZ überhaupt hatte Dachau 30 000 Unschuldigen das Leben gekostet; eine beträchtliche Zahl von ihnen war fragwürdigen medizinischen Experimenten zum Opfer gefallen. Vielleicht, so dachte Brigitte, hatte das Verhältnis den Argwohn der Gestapo erweckt; denn sie war sich natürlich bewußt, daß man Juden und Nichtjuden, die zufällig erwischt – oder was wahrscheinlicher war: verpfiffen – wurden, verhaftete und in die Lager steckte. Sie entdeckte jedoch bald, daß weder Otto noch Susi im Dachauer Register zu finden waren.

Obwohl sie so gründlich suchte und viel Zeit, Energie und Geld auf ihre Bemühungen verwendete, machte allein ihre Beziehung zu Susi Fortschritte. Die beiden Frauen pflegten rasch eine enge, ja intensive Freundschaft. Darum schrieb Brigitte, obwohl sie nichts über Otto herausbekommen hatte, erfreut an Susi, daß sie sich geehrt fühlte, persönlich mit ihr und ihrer Suche in Verbindung zu stehen. Sie hatte nämlich binnen zehn Monaten Susis Sache zu ihrer eigenen gemacht und schrieb, daß sie sich ihr gefühlsmäßig verbunden fühle.

Die Suche nach Susis Vater ging in München immer weiter. Brigitte hörte nicht auf, dem Stadtarchiv auf die Nerven zu fallen und den Leuten dort einzuheizen. Anfangs war dessen Direktor, Hans Mühldorfer, nicht besonders hilfreich gewesen. Doch schließlich erkannte er, daß er Brigittes dauernde Anrufe nur auf eine Weise stoppen konnte, das heißt, indem er sich bemühte und ihr das verlangte Material besorgte – das er freilich nicht absichtlich zurückgehalten hatte. Es war nur ebenso, daß man Fällen mit so kargen Fakten nur schwer nachgehen konnte.

Trotzdem rief Herr Mühldorfer am 24. August 1989

Brigitte an, und zwar ungewöhnlich fröhlich. Diesmal mußte er wirklich eine gute Nachricht für sie haben. Und so war es: Es war ihm gelungen, Ottos Geburtsurkunde aufzutreiben. Er konnte ihr mitteilen, daß Otto Hald am 16. Dezember 1907 in Göppingen geboren worden war.

Sofort leitete Brigitte neue Erkundigungen ein. Und im Unterschied zu ihren früheren erfolglosen Bemühungen hatte sie ein paar Stunden nach Erhalt weiterer Einzelheiten mehr über Otto Hald zusammengetragen. Sie merkte jedoch gleich, daß das Bild, das sich allmählich zusammenfügte, nicht besonders anziehend war, schon gar nicht für Susi, die von der neuesten Entwicklung erst noch erfahren mußte. Doch Brigitte vergaß nicht, was man ihr aufgetragen hatte: Sie sollte Auskünfte, die sie bekam, nicht zensieren oder manipulieren, sondern vollständig weitergeben. Noch am selben Abend schrieb sie an Susi, wobei sie sich bewußt war, wie heikel ihr Brief diesmal war:

Meine liebe Susi,

ich habe die Daten über Deinen Vater herausbekommen. Heute hat Hans Mühldorfer bei mir angerufen: Otto Joseph Hald, geboren am 16. 12. 1907 in Göppingen. Die Stadt liegt im Land Baden-Württemberg. Otto verließ München im Februar '36, also vor Deiner Geburt. Deine arme Mutter! Nach dem Krieg ging er nach Leipzig und heiratete dort. Er starb ungefähr mit 60 hier in Westdeutschland. Gertrud May hat mir erzählt, daß er kein guter Mann war. Das tut mir leid. Alle Hald-Geschwister sind tot. Ich habe heute mit Gertrud gesprochen. Sie sagt, daß Otto die Frauen sehr mochte. Aber er hat nicht immer die Wahrheit gesagt. Er hat Blechschmied gelernt und seine Lehre abgeschlossen. Er ist oft umgezogen. Von Deinem Vorhandensein wußte niemand etwas.

Liebe Susi, sicher ist diese Auskunft für Dich nicht besonders angenehm. Das tut mir leid. Wir fühlen uns einander nah, und darüber freue ich mich. Wir haben uns bei der Suche nach Deinem Vater gefunden, und hoffentlich können wir unsere Freundschaft aufrechterhalten. Ich mag Dich und freue mich darauf, Dich eines Tages kennenzulernen. Ich denke an Dich und möchte ein wenig von dem gutmachen, was Du alles erlitten hast.

Herzlichst,
Brigitte

Verwirrung war für Susi an der Tagesordnung, da sie von heftigen Gefühlswogen bald nach oben geschwemmt, bald in die Tiefe gerissen wurde. Erfreut, von der Existenz ihres Vaters zu hören, erfuhr sie gleichzeitig von seinem frühen Hinscheiden. Es hatte sich nämlich herausgestellt, daß er am 5. August 1966 in Marl gestorben war. Er wurde mit achtundfünfzig zu Grabe getragen; die Jahre seiner Trunksucht hatten ihren Tribut gefordert.

Ihr Vater war also tot. Und sein Leben war kaum ein glänzendes Beispiel moralischer Aufrichtigkeit gewesen. Niemand leugnete, daß sein Verhalten offenkundig übel, unehrlich und grausam gewesen war. Hatte er sich nicht der schlimmsten Verweigerung schuldig gemacht, als er die Zwillinge vor ihrer Geburt im Stich und ihre Mutter allein ihrem Schicksal überließ? Als schwangere, unverheiratete Jüdin war Rosa Bechhöfer doppelt gefährdet, da die Gesellschaft in Rassenhaß und moralischer Borniertheit versank.

Dennoch hatte Susi genau das gewollt: ihren Vater finden. Jetzt war ihre Suche vor allem Dank Brigittes unermüdlichem Einsatz von Erfolg gekrönt. So schrieb sie in ihr Tagebuch:

> Ich bin so froh, über diesen Mann Bescheid zu wissen, denn im Leben geht es nur ums WISSEN. Unsere Ängste rühren vom Unbekannten her. Das Nicht-Wissen war von jeher am schwersten zu ertragen, schlimmer als alles, was ich je erfahren kann. Und trotzdem gibt es, während ich hier sitze und schreibe, einen Teil in mir, der zweifellos lieber an dem wunderbaren Phantasiebild von meinem Vater festgehalten hätte.

Susi hatte allen Grund, auf sich stolz zu sein, denn ihre Entschlossenheit hatte zur Aufdeckung der Wahrheit geführt. Aber es war noch nicht die ganze Wahrheit.

8. COUSINS IN HÜLLE UND FÜLLE

Als das Treffen zur Erinnerung an den fünfzigsten Jahrestag der Kindertransporte näher rückte, arbeitete Bertha Leverton in einem Tempo, das ihre Familie und ihre Freunde erschreckte. Sie wußte, daß dieses Schlüsselereignis, das eines der größten Vergehen der Nazis beleuchten sollte, ohne entsprechende Werbung und Öffentlichkeit sang- und klanglos untergehen würde. Für Bertha war es schon eine Sünde, diese Möglichkeit überhaupt in Betracht zu ziehen. Sie mußte jede Gelegenheit beim Schopf packen, um ihre Botschaft an die Leute zu bringen. Darum war es für sie ganz normal, daß sie während eines Besuches bei ihrer Schwester in Israel die Chance wahrnahm und in einer Radiosendung auftrat, die im englischsprachigen Programm von Kol Yisrael, einem Teil des Israelischen Rundfunks, ausgestrahlt werden sollte. Sie bat Efraim Geffen, den Programmproduzenten, darum, ihr am Ende der Sendung eine halbe Minute einzuräumen, weil sie einen bestimmten Namen loswerden wollte. Er willigte ein. So vernahmen alle Zuhörer die Ankündigung: »Bertha Leverton hat einen besonderen Aufruf in Zusammenhang mit einem der ehemaligen Kindertransportkinder zu machen.« Darauf meldete Bertha sich zu Wort:

> An jeden, der den Namen Bechhöfer kennt: Zwei kleine Zwillingsschwestern, die damals kaum drei Jahre alt waren. Erst vor kurzem hat die Überlebende von beiden, die jetzt Grace Stocken heißt und in einer

englischen Kleinstadt lebt, herausgefunden, daß sie früher Bechhöfer hieß. Ihr Vater hieß Otto Hald, und ihre Mutter Rosa Bechhöfer stammte aus München. Wer sich an jemanden namens Bechhöfer erinnert, möge sich bitte melden, weil sie verzweifelt herauszubekommen versucht, woher sie stammt.

Kaum war die Sendung zu Ende, riefen die Zuhörer an. Es war, als wäre aus dem Nichts ein internationales jüdisches Netzwerk entstanden: mit Namen und Telefonnummern, die in einer Reihe von Städten auf der ganzen Welt weitergegeben wurden. Bald verbreitete die Nachricht sich in die USA, wo sechs Millionen Juden leben. Eine Mrs. Orbach und eine Mrs. Bamberger meldeten sich mit der Telefonnummer von Mark Breuer, dessen Schwester, wie sie beide sagten, mit Jerry Bechhofer verheiratet sei. Dieser Mann, der seinen Namen offenbar ohne Umlaut schrieb und ihn daher auch anders aussprach als Susi ihren, stand einer weitläufigen Familie orthodoxer Juden vor, die in einem Vorort von New York lebte. Hier schien Susi einen Verwandten zu haben.

»Als Bertha aus Israel zurückkam und mir erzählte, daß die Leute sich gemeldet haben, war ich ganz aus dem Häuschen«, erinnert Susi sich. »Ich habe mir gesagt: ›Ganz ruhig, bleib jetzt ganz ruhig – vielleicht ist es ein Fehlalarm.‹ Auch Alan riet mir, die Sache nicht zu wichtig zu nehmen – sonst würde ich überschnappen. Natürlich konnte es ein Fehlalarm sein, aber gleichzeitig habe ich mir gedacht, daß es der große Durchbruch werden könnte.«

Noch bevor Susi die neueste Fährte aufnehmen konnte, kam Jerry Bechhofer ihr zuvor.

17. Oktober 1988

Liebe Miss Bechhofer,

eine Freundin von Ihnen hat uns erzählt, daß Sie in der Sendung Kol Yisrael vom 7. Oktober vorkamen und nach Verwandten suchen.

Sollten Sie eine der Töchter von Rosel Bechhofer sein, dann sind Sie tatsächlich meine Cousine ersten Grades. Mein Vater war Bernhard Bechhofer, ein älterer Bruder von Rosel. Ihre Mutter, wenn sie es ist, war die zweitjüngste von dreizehn Geschwistern.

Zwei der Brüder sind im Kindesalter gestorben. Sieben Schwestern kamen beim Holocaust ums Leben, eine Schwester überlebte und starb hier vor etwa fünfzehn Jahren. Auch mein Vater und seine beiden anderen Brüder starben hier – Isaak, der letzte von ihnen, vor etwa zwölf Jahren.

Sind Sie also unsere Cousine? Wenn ja, sind Sie nicht ein Zwilling? Bitte schreiben Sie uns.

Mit freundlichen Grüßen
Jerry G. Bechhofer

»Ja, natürlich bin ich ein Zwilling«, schrieb Susi in ihr Tagebuch, »darum ist mir völlig klar, daß ich nicht nur Rosels Tochter bin, sondern auch mein Cousin an mich geschrieben hat.«

Kaum zwei Wochen nach dem ersten, eher vorsichtigen Versuch, meldete Jerry Bechhofer sich wieder. Diesmal schilderte er die Geschichte der gesamten Familie und legte einen Stammbaum bei. Jetzt hatte auch er keinen Zweifel mehr: Er hatte tatsächlich eine Cousine ersten Grades entdeckt. »Freilich bist du unsere Cousine«, schrieb er. »Die Sache ist ganz einfach. Deine Mutter war unsere Tante Rosel (wir haben sie nie Rosa genannt), eine sehr liebe Frau, die es im Leben nicht leicht hatte.«

Dann erzählte Jerry von Frieda, dem achten Kind von Gabriel und Sara Bechhöfer, seinen und Susis gemeinsamen Großeltern. Frieda, die als einzige aus der Familie Rosa geholfen hatte, indem sie die Kosten während ihrer Schwangerschaft und ihrer Kindbettzeit übernahm, war in einem Konzentrationslager umgekommen. Drei von Rosas Brüdern hatten es nach Amerika geschafft, aber die Hälfte der Bechhöfer-Kinder war in den Gaskammern ermordet worden. Die Geschichte der Bechhöfers entsprach in dieser Hinsicht dem Schicksal der Mehrheit der europäischen Juden in jener finsteren Zeit: Sie waren einem systematischen Mordprogramm zum Opfer gefallen, so grauenhaft, wie es die Welt weder vorher noch nachher erlebt hat. Die Überlebenden, erklärte Jerry, hätten jedoch für den Fortbestand der Familie gesorgt. In einem etwas persönlicheren Tonfall schrieb er: »Ich möchte Dir sagen, wie aufregend und bewegend es ist, daß ich von Dir gehört und Dich ›gefunden‹ habe. Hoffentlich lernen wir uns eines Tages persönlich kennen. Wir gehören einem geschichtsbewußten Volk an, für das jeder zählt. Ich finde es wunderbar, daß wir jetzt nicht mehr acht, sondern neun Cousins und Cousinen sind.«

Tatsächlich gab es in den USA und anderen Ländern Verwandte in Hülle und Fülle: mindestens zwei Dutzend Cousins und Cousinen zweiten Grades und über fünfzig dritten Grades. Es handelte sich größtenteils um orthodoxe Juden, die streng nach der Thora lebten, so daß einige Familienmitglieder sechs oder sieben, manchmal auch mehr Kinder hatten. Ja, Jerry hatte sich entschuldigt, daß der Stammbaum nicht ganz auf dem neuesten Stand sei: »So sind in Abschnitt II zum Beispiel nur sechs Enkel von uns verzeichnet. Das liegt neun Enkel zurück. Ich hoffe, das ist Dir nicht alles zuviel Familie – nachdem Du praktisch Dein ganzes Leben lang niemanden hattest«, fügte er hinzu.

»Diesen Brief zu bekommen war eines der erschütterndsten Ereignisse meines Lebens«, meint Susi. Die Gründe dafür liegen auf der Hand: Endlich hatte ihr jemand gesagt, wer ihre Mutter war und daß sie nicht nur einen, sondern viele lebende Verwandte besaß. Hinzu kam der Schock, daß viele Familienmitglieder beim Holocaust ihr Leben verloren hatten. Bis dahin waren diese Greuel etwas gewesen, das anderen Menschen passiert war und keinerlei Einfluß auf Susis Leben hatte. Als sie alle diese Dinge gleichzeitig erfuhr, bekam sie eine Ahnung, wie es sein muß, wenn man wahnsinnig wird.

Bertha Leverton freute sich für Susi und war sehr dankbar, daß sie entscheidend dazu beigetragen hatte, Susi mit ihren Verwandten zusammenzuführen. Denn war dies nicht von Anfang an ihre selbst gestellte Aufgabe gewesen: die an den Kindertransporten Beteiligten wieder mit Familie, Verwandten und Freunden in Verbindung zu bringen? Nachdem Bertha ihr Ziel erreicht hatte, gab sie später zu: »Manchmal fühle ich mich ein bißchen schuldig, daß ich ihr Leben auf den Kopf gestellt habe.«

Allerdings nicht zu schuldig, um dem *Jewish Chronicle*, der alteingeführten Zeitung der britischen Juden, den heißen Tip zu geben, daß sie von einer interessanten Geschichte wisse: Susis offenbar erfolgreiche Suche. Ein Bericht darüber, das wußte Bertha genau, konnte auch dem Kindertransporttreffen ein wenig willkommene Publizität verschaffen; bis dahin waren es nur noch wenige Monate.

Ein paar Tage später bekam Susi einen Anruf von Jenni Frazer, einer Journalistin des *Jewish Chronicle*. Die Zeitung, von der Susi bis dahin nicht viel gewußt hatte, wollte tatsächlich ihre Geschichte bringen, weil sie sie als höchst interessant für die jüdische Gemeinde betrachtete.

»Flüchtling Susi endlich daheim«, titelte die Zeitung und räumte dem Artikel erhebliche Bedeutung ein. »Vor den Nazis gerettet und als Christin aufgewachsen, hat Susi Bechhöfer ihre Wurzeln aufgespürt«, stand darunter. Und darunter befand sich ein Foto der beiden vierjährigen Zwillinge in hübschen, zueinander passenden Kleidern mit Spitzenkragen, beide fröhlich lächelnd.

Der Bericht war gut geschrieben und löste in jüdischen Kreisen einige Erregung aus, da diese nicht an solche Geschichten mit Happy Ends gewöhnt waren. Das traf vor allem auf eine ältere Dame namens Miss Edith Moses zu, die in Bath wohnte. Sie hatte den *Jewish Chronicle* nicht abonniert und diese Ausgabe nur zufällig gekauft. Sie betrachtete das Foto der Zwillinge immer wieder und war schließlich überzeugt, daß sie den beiden früher begegnet war.

»Ich rief meiner Schwester zu: ›Die Kinder kenne ich‹«, so erzählte sie später. »Ich war ganz aufgeregt, ganz überrascht. ›Ich muß mich sofort mit der Zeitung in Verbindung setzen‹, habe ich zu meiner Schwester gesagt und ihr erzählt, daß ich in dem Heim war, das sie aufgenommen hatte.«

Und so war es. Edith Moses hatte im April 1938, also zwei Wochen vor dem zweiten Geburtstag der Zwillinge, im Münchner Antonienheim als Lehrerin angefangen. Sie hatte Rosa Bechhöfer immer ins Heim kommen sehen, immer in Eile, immer abgespannt. Miss Moses selbst war gerade noch rechtzeitig aus Deutschland entkommen.

Obwohl jetzt ein Durchbruch nach dem anderen kam, blieb jede neue Entdeckung wichtig. In diesem Fall fand

Susi es besonders betrüblich, von jemandem zu hören, der ihre Mutter gekannt und ihr Leid aus solcher Nähe miterlebt hatte.

»Es ist ein ganz merkwürdiges Gefühl«, vertraute sie ihrem Tagebuch an, »als ob die Türen des Waisenhauses wieder aufgegangen wären. Ich gehe wieder durch die Korridore dort und werde wieder zu einem kleinen Mädchen. Es ist sehr verwirrend.«

> Edith erinnert sich an absolut alles, sogar an meine Zahnlücke. Sie hat mir erzählt, daß wir im Alter von sechs Wochen ins Heim kamen. Dieser Umstand ist für mich kaum faßbar. Nicht, was mich angeht, sondern was meine Mutter angeht, das Leid, das sie empfunden haben muß. Sie schilderte mir sehr anschaulich, wie Rosa in die Säuglingsabteilung kam, uns beide besuchte und wieder gehen mußte – und wie traurig es sie machte, daß sie nicht selbst für uns sorgen konnte. Dies ist eines der am schwersten zu schluckenden Details der ganzen Geschichte.

Bald darauf trafen Susi und Edith Moses sich. Für die ehemalige Lehrerin war die Begegnung ein höchst freudiges Ereignis:

> Susi wiederzusehen war einfach wunderbar. Ich stand am Fenster und wartete auf das Taxi. Ich beobachtete, wie sie ausstieg, ging die Treppe hinunter und sagte: »Meine liebe kleine Susi, hätte ich mir in meinen kühnsten Träumen vorstellen können, dich jemals wiederzusehen?« Ich konnte es einfach nicht fassen – es war wie ein Wunder.

Auch für Susi wurde es ein unvergeßlicher Tag; durch die Gefühle, die er in ihr wachrief, allerdings ein bittersüßer. Als Susi am Abend wieder in Rugby war, vertraute sie sich abermals ihrem Tagebuch an. Nur hier, so scheint es, konnte sie sich ungezwungen äußern.

> Der bedeutendste Tag seit dem 18. Mai 1939. Ich habe diese bezaubernde Dame vor fünfzig Jahren verloren und heute wiedergefunden. WENN NUR, das ist der Ausdruck, den ich von ihr mitgenommen habe: Wenn nur die anderen Pläne, von denen sie erzählt hat, gefruchtet hätten, dann wären wir zu einer jüdischen Familie nach Kalifornien gekommen. Oder wir hätten zumindest ein Zuhause in einem Waisenheim gehabt und unsere Mutter gekannt, wenn nur kein Krieg ausgebrochen wäre. Aber nein: So war es eine elende Kindheit. Zumindest gibt es jetzt wenigstens eine Zukunft, die verspricht, etwas von all dem Verlorenen wiederzufinden: meinen Namen, mein jüdisches Erbe und meine Familie.

Ganz unbewußt hatte Susi eine Überlebensstrategie entwickelt. Sie schaltete bei bestimmten Punkten einfach ab und betäubte sich dadurch gegen den Schmerz; trotzdem hatte ihr Tagebuch therapeutischen Wert. Denn sie konnte immer nur ein bestimmtes Maß an Neuigkeiten aufnehmen. Also weigerte Susi sich, immer wenn der Name Rosa Bechhöfer zu großen Schmerz zu verursachen drohte, sich mit der Lage direkt auseinanderzusetzen. Sie lenkte sich ab oder suchte Abstand von Informationen, die sie als unangenehm, ungünstig oder ihrer Sache abträglich empfand. Jerry Bechhofer hatte nämlich vom Beginn seines Briefwechsels an mit seiner neuen Cousine, die er noch immer nicht kennengelernt hatte, keinen Zweifel daran gelassen, daß er es für höchst unwahrscheinlich hielt, daß Rosa den Krieg überlebt hatte. Klammerte Susi sich daher nicht an eine vergebliche Hoffnung?

»Es kommt mir merkwürdig vor«, schrieb er, »daß sie es '42 oder '43 nach England geschafft haben soll. Die Deutschen ließen damals niemanden mehr raus. Woher hast du die Auskunft, daß sie nach England kam?«

Susi freute sich, daß sie bei ihrer Antwort auf die Unterlagen verweisen konnte, die der *Central British Fund* ihr geschickt hatte, sowie auf den Begleitbrief der Organisation, in dem die Sekretärin eindeutig behauptete, Rosa Bechhöfer sei im April 1943 als Hausangestellte nach England gekommen. Susi schickte ihrem Cousin Fotokopien und hoffte, er werde ihren Glauben daran teilen, daß Rosa womöglich noch lebte. Doch Jerry Bechhofer, der stets peinlich genau war, wenn es um die Familiengeschichte ging, ließ sich nicht beeindrucken.

»Was ist der *Central British Fund*?« schrieb er zurück.

»Es ist ja möglich, daß es vielleicht nur ein Antragsformular für ihre Einreise nach England war. Oder weißt du sicher, daß sie tatsächlich nach England gekommen ist? Wenn das der Fall ist, dann sollte man sie auch ausfindig machen können. Damals mußte man sich bei den Behörden melden, auch als Ausländer.«

Auch Senta, die Tochter von Susis frischgewonnener Tante Martha, die vierundneunzig, aber noch quicklebendig war, setzte sich mit ihr in Verbindung und äußerte die Meinung, daß Rosa tot sein mußte. Sie behauptete, Rosa habe irgendwann Brustkrebs gehabt und sei dann in ein Lager verschleppt worden.

»Unmöglich«, schrieb Susi in ihr Tagebuch. »Ich sage

NEIN. Diesen Gedanken kann ich nicht ertragen; das muß als der schlimmstmögliche Fall gelten. Ich werde beweisen, daß es anders war.«

Nicht nur Susi weigerte sich stur, anzunehmen, daß ihre Mutter mit einigen der übrigen Bechhöfers ermordet worden war, sondern auch ihr Sohn, wenn auch aus anderen Gründen. Frederick war jetzt fleißig dabei, sein Abschlußexamen am St. Catherine's College in Cambridge vorzubereiten und hatte daher keine große Begeisterung für das ganze Unternehmen an den Tag gelegt. Was sollte dabei schon Gutes herauskommen. »Wenn meine Großmutter in ein Konzentrationslager gekommen ist«, erklärte er, »dann will ich es nicht wissen.«

Ebenso ablehnend verhielt er sich, als Jerry in einem seiner Briefe darauf hinwies, daß Frederick nach jüdischem Gesetz selbst Jude sei, da er von einer jüdischen Mutter abstammte. »Na, ist doch klar, daß er so was sagt, oder?« So lautete seine erste Reaktion. Doch trotz wiederholter gegenteiliger Behauptungen sollte Frederick bald ein eingehendes Interesse an den Fragen gewinnen, die die Suche seiner Mutter nach ihrer Herkunft aufwarf.

Am 18. Mai 1989, auf den Tag genau fünfzig Jahre nachdem die Zwillinge in England eingetroffen waren, flog Susi nach New York, um sich zum ersten Mal mit den amerikanischen Bechhofers zu treffen. Vor ihrer Abreise hatte Alan wieder den advocatus diaboli gespielt und sie gewarnt: »Du weißt nicht, was das für Leute sind. Du kennst ihre Sitten und Ansichten nicht.« Aber das war Susi egal, diese Leute waren jetzt ihre Verwandten.

Susi hatte zwar Angst vor dem Flug, schob den Gedanken an einen Absturz aber beiseite, indem sie sich sagte, daß ihre Reise dafür viel zu wichtig sei. Da sie seit Eunice' Tod lange von keinen Blutsverwandten wußte, hatte sie sich oft ausgemalt, was für ferne Verwandte sie wohl haben mochte, und jetzt stand sie kurz davor, sie von Angesicht zu Angesicht kennenzulernen.

Verwandte! Allein das Wort klang ihr wie Musik in den Ohren. Nach acht Stunden Flug und langwieriger Paßabfertigung war sie mehr als aufgedreht, als sie dem Empfangskomitee am New Yorker Flughafen John F. Kennedy entgegeneilte. Sie hatte kaum Kontakt mit assimilierten Juden in England gehabt, und mit einer Gruppe fundamentalistischer Juden aus New York schon gar nicht. Es war keine Überraschung, daß sie nichts von der gewohnten britischen Reserviertheit an sich hatten.

Das erste, was sie sah, war das große Transparent, das sie gemalt hatten: »HERZLICH WILLKOMMEN SUSI«, stand darauf, und sie fühlte sich gleich wohl. Heute erinnert sie sich, daß sie geglaubt hatte, die Männer würden wegen ihrer strengen Religion vor Körperkontakt zurückscheuen. Sie kann sich daher merkwürdigerweise nicht erinnern, ob sie sie berührten oder nicht. Wie dem auch sei: Als ihre neuen Verwandten sich ihr der Reihe nach vorstellten, war sie zutiefst von den herzlichen Worten und dem freundlichen Lächeln gerührt. »Sie wollten alles sofort wissen, und obwohl ich hundemüde von der Reise war, bombardierten sie mich mit Fragen, die fünfzig Jahre lang unbeantwortet geblieben waren. Verständlicherweise waren sie genauso neugierig auf mich wie ich auf sie.«

Wie von einem Sturmwind wurde Susi in die Wohnung ihrer Cousine Senta im Vorort Kew Gardens gerissen. Dort sollte die ganze Familie gemeinsam mit Susi ein koscheres Essen zu sich nehmen. Sie fragte sich unter anderem, warum alle von Papiertellern aßen und Plastikbesteck benutzten. Die einfache Antwort darauf lautete, daß die Kaschrut, die jüdischen Speisegesetze, dies erforderten.

Die Familie plauderte bis spät in die Nacht. Teils aus Erschöpfung, teils aus schierer Überforderung schob Susi die vielen Fragen beiseite, die sie stellen wollte, und versuchte statt dessen, diejenigen ihrer Verwandten zu beantworten. Wie hatte ihre Suche nach ihrer Mutter angefangen? Wie fühlte man sich, wenn man keine Blutsverwandten hatte? Warum hatte alles so lang gedauert?

Susis Erziehung und ihre Erwartungen ans Familienleben hätten kaum unterschiedlicher sein können. Trotzdem erkannte sie, daß sie hier eine richtige Familie vor sich hatte: ihre Mitglieder hielten eng zusammen und vertrauten aufeinander. Für einen Moment wurde sie traurig und fragte sich, wohin all die Jahre gegangen waren. Sie überlegte, wieviel von ihrem Leben verstrichen war, ohne daß sie diese großartigen Menschen kannte, von denen viele wie sie bereits ergraut und mittleren Alters waren.

Das Leben der Bechhofers hätte sich kaum mehr von der kalten, strengen Welt des Nonkonformismus der walisischen Baptisten unterscheiden können, in der Susi ihre Kindheit verbracht hatte. Das Judentum war die treibende Kraft dieser Leute. In der Tat sind die Bechhofers Anhänger einer bestimmten Form des orthodoxen Judentums. Anders als die Reformjuden, die die Ansicht vertreten, daß das Judentum so zugeschnitten werden sollte, daß es den Erfordernissen des modernen Lebens entspricht, und die daher auf einige unbequeme Rituale verzichten, bleiben die Bechhofers dabei, daß man an den Gesetzen festhalten solle, da Gott sie auf dem Berg Sinai übergeben habe. Sie sind vor allem eifrige Anhänger des Rabbi Samson Raphael Hirsch, des Vaters der modernen Orthodoxie, und jeder von ihnen praktiziert das Prinzip der Thora im Derech Eretz: das Leben nach den Bestimmungen der Thora innerhalb der modernen Welt. Hirsch, der lange als einer der größten jüdischen Denker galt, hatte eine neo-orthodoxe Glaubenslehre entwickelt, eine Theologie, die dazu beigetragen hatte, daß das orthodoxe Judentum im 19. Jahrhundert in Deutschland aufblühte.

Jerry Bechhofer war sehr stolz darauf, daß sein verstorbener Schwiegervater der Enkel des verehrten Rabbis gewesen war. Dieser Rabbi Dr. Joseph Breuer war nicht nur achtundneunzig Jahre alt geworden, sondern hatte kurz vor dem Ende des Zweiten Weltkriegs auch eine Schule begründet: die Yeshiva Rabbi Samson Raphael Hirsch. Dieser Schule widmeten die Bechhofers den größten Teil ihrer Zeit, Energie und Liebe.

Susi schloß auf dieser Reise unter anderem dauerhafte Freundschaft mit Jerrys Schwester Sonya Loeb, auch sie Cousine ersten Grades. Wie ihr Bruder hatte sie sie vom ersten Augenblick an herzlich und freundlich aufgenommen. »Und glaube ja nicht«, hatte Sonya vor der Reise an Susi geschrieben, »wir würden, wie Du manchmal in Deinen Briefen andeutest, jemals zuviel von Dir und Deinem Besuch kriegen. Das wird nie der Fall sein.«

Und alles, was Susi mit den Bechhofers unternahm, bestätigte dies. Sonya und Senta hatten ihr ein dichtgedrängtes Programm zusammengestellt. Das war alles andere als überraschend, weil sämtliche Verwandten immer wieder betonten, wieviel Zeit sie nach all den versäumten Jahren nachzuholen hätten. Unter anderem begleitete Susi Senta zu mehreren Mittagessen, bei denen Spenden für die Hassadah eingetrieben werden sollten, einer Wohltätigkeitsorganisation, die israelische Krankenhäuser finanziell unterstützt. Dabei hörte Susi zum ersten Mal die israelische Nationalhymne. Sie war gerührt, wie selbstlos diese Schar eleganter, tüchtiger Frauen sich ihrer Aufgabe widmete.

Es folgten ein Besuch im Jüdischen Museum und, während es jeden Tag heißer zu werden schien, anstrengende Besichtigungen der New Yorker Sehenswürdigkeiten. Auch die großen Kaufhäuser von Manhattan wie Macey's, Bloomingdales und andere standen auf der Liste, dazu ein einladendes Einkaufszentrum in New Jersey, wie Susi es noch nie erlebt hatte. Wenn Susi aber mit ihren Gastgebern essen ging, dann war sie überrascht, daß es bei der riesigen kulinarischen Auswahl der Stadt nur sehr wenige Restaurants gab, die sie aufsuchen konnten: Sie durften ja nur in streng koscheren Häusern essen, die von Beth Din geprüft worden waren.

An einem Feiertag gaben Cousin Erwin und seine Frau Edna eine Grillparty, damit alle Susi treffen konnten, manche zum ersten Mal. Susi unterhielt sich mit Leo, der in Konzentrationslagern gewesen war und seine Mutter dort verloren hatte. Sie konnte sich nicht vorstellen, was Leo empfand, wenn er auf diese Zeit zurückblickte, und fragte sich, ob sie ihn mit ihrer Geschichte der Flucht aus Deutschland nicht schmerzlich an seinen eigenen Alptraum erinnerte. Am Ende konnte sie sich nur wundern, wie gut er die Sache anscheinend verkraftet hatte. Und er war nicht der einzige, der die Vergangenheit so aufrichtig verarbeitet hatte und so ganz in der Gegenwart lebte.

Susi waren das Tempo, das Gesicht und der Lärm der Stadt anfangs ziemlich fremd. Sie sehnte sich hin und wieder nach der Sicherheit und Ruhe ihrer Heimat, nach der Vertrautheit der Pfarrkirche St. Andrew's in Rugby, in der sie während ihrer gesamten Suche neben Hazel Bell und anderen Freundinnen weiterhin Orgel gespielt und Kirchenlieder gesungen hatte. Trotzdem hatte sie ihre Familie ernstlich finden wollen und zwar manchmal mit einer Intensität, die sie ganz aufzehrte. Und diese Familie lebte nun einmal hier in den Vororten New Yorks.

Während sie ihr Bestes gab, um sich mit den vielen Regeln der Thora vertraut zu machen und diese zu beachten, leistete sie sich so manchen Ausrutscher. Sie trug etwa ein Brillenetui von da nach dort oder klingelte bei diesem oder jenem an der Haustür – alles Dinge, die am Sabbat verboten sind. Diese kleinen Vergehen störten die Bechhofers jedoch kein bißchen. Sie lächelten nur darüber. Schließlich wußten sie, daß sie von Susi nicht erwarten konnten, daß sie sich von einem Tag auf den anderen wie eine orthodoxe Jüdin verhielt.

»Sie sind alle reizend«, verzeichnete Susi während ihres New-York-Aufenthalts in ihrem Tagebuch, »aber trotzdem fühle ich mich wie ein Fisch auf dem Trockenen.« Ein Teil von ihr sagte, ich gehöre hierher, doch ein anderer sagte, nein, ganz bestimmt nicht. Wie konnte sie sich nach fünfzig Jahren englischen Christentums in einer Umgebung zu Hause fühlen, die sie als »orthodoxes Ghetto« betrachtete? Eines stand fest: Sie brauchte Zeit und Raum, um sich über ihre wahren Gefühle klar zu werden.

Jerry spürte das Dilemma seiner Cousine besonders deutlich. Die vorhandenen kulturellen und religiösen Unterschiede zwischen ihnen hatten nicht verhindert, daß von Anfang an starke Gefühle aufkamen. Noch vor Susis Ankunft hatte Jerry seiner großen Freude Ausdruck verliehen, von ihrem Dasein zu erfahren. »Wir, die Familie, haben viel darüber geredet, wie es für Dich vor Deiner Ehe gewesen sein muß«, hatte er geschrieben, »buchstäblich *allein auf der Welt* zu sein und jetzt herauszufinden, daß es Blutsverwandte von Dir gibt, die Dich lieben. Sicher kann niemand, der sich nicht in der gleichen Lage befunden hat wie Du, nachvollziehen, wie es Dir gehen muß.«

In New York verwandelte Susi Stocken sich endgültig

in Susi Bechhöfer. Eine Susi Bechhöfer, die auf eine weitverzweigte, liebevolle Verwandtschaft verweisen konnte. Das war das Aufregendste an der ganzen Sache. Nach so vielen langen, einsamen Jahren war es für sie endlich strahlend hell geworden. Das kleine jüdische Mädchen, das man auf sich allein gestellt in ein Münchner Waisenhaus gegeben hatte, war nach fast einem halben Jahrhundert auferstanden. Das Wunder war ein zweifaches: Sie war nicht nur wieder ins Leben zurückgekehrt, sondern war jetzt auch fröhlicher und ausgeglichener und fühlte sich in ihrer Haut wohler, als Grace es jemals getan hatte.

Und noch eine tiefgreifende Veränderung war eingetreten. Susi war endlich zur Tochter geworden, zu Rosa Bechhöfers Tochter. Immer wieder wurde sie als solche bezeichnet und auch ihre Mutter beim Namen genannt. Das war so ganz anders als in ihrer Kindheit: Jetzt gab es keine düsteren Geheimnisse mehr. Jetzt konnte sie so viele Fragen nach ihrer Mutter stellen, wie sie wollte, und das tat sie auch. Herzensgut, fröhlich, stilvoll – sie wußte mit Farben umzugehen und tat es gern – gehörten zu den Wörtern, mit denen Rosa geschildert wurde. »Du siehst genauso aus wie deine Mutter« – diesen Satz hörte sie immer wieder: von Jerry, Tante Martha und allen anderen, die alt genug waren, um ein halbes Jahrhundert zurückzublicken. »Sie hatte so schöne Hände. Die hast du nicht!« sagte jemand mit der üblichen Offenheit der New Yorker Juden.

Rosa schien bei ihnen lebendig zu sein, immer wenn sie von ihr sprachen, und Susi ergriff die Gelegenheit, sich ganz als ihre Tochter zu fühlen, weil sie ja nie eine richtige Mutter besessen hatte. Freilich, sie hatte ihre Pflegemutter gehabt. Aber Irene Mann hatte ihre Energien verständlicherweise fast ausschließlich auf Eunice verwendet, als diese so lange krank war. Außerdem hatte Reverend Mann stets deutlich zum Ausdruck gebracht, daß er die Hauptrolle in Susis Leben zu spielen wünschte. Und diesen Wunsch hatte er bis ins kleinste umgesetzt; er hatte dafür gesorgt, daß alle, sogar seine Frau, ausgeschlossen blieben. Dafür hatte er seine Motive. Aber worin diese auch lagen, ob sie sexuell, psychologisch oder anders begründet waren, es lief darauf hinaus, daß Irene nicht viel Raum gehabt hatte, um als Mutter zu fungieren. Darum war es besonders schön, zu Rosas Tochter zu werden, obwohl so viele Jahre vergangen waren, seit sie als Baby in Rosas Armen gelegen war.

Ein bemerkenswertes Familientreffen fand statt. »Ich habe den Namen Bechhöfer die ganzen Jahre im Hinterkopf gehabt«, sagte Susi damals, »und jetzt habe ich endlich meine Verwandten kennengelernt. Die haben geglaubt, ich sei während des Holocaust ermordet worden. Aber hier bin ich. Es ist, als wäre ein Märchen wahr geworden.«

Man konnte nicht leugnen, daß Rosa Bechhöfers Leben alles andere als märchenhaft gewesen war. Als man jedoch auf ihre Versuche zu sprechen kam, zu ihrer Familie in die USA zu flüchten, blieb Susi vernünftig. Das alles, sagte sie sich, gehörte der Vergangenheit an, und ihr lag nicht daran, gegen irgend jemanden Beschuldigungen zu erheben, schon gar nicht gegen alte Verwandte, die selbst unter Hitlers Herrschaft gelitten hatten.

Ehe Susi nach Amerika gefahren war, hatte ihre neue Familie ihr ein herrliches Geschenk gemacht. »Als ich die Fotos von meiner Mutter sah, schwebte ich einfach wie auf Wolken«, erzählt sie. »Ich hatte immer gedacht, wenn ich doch nur ein Foto hätte, dann wäre mein Leben vollkommen anders. Trotzdem habe ich es kaum ausgehalten, sie anzuschauen.«

Mit klopfendem Herzen und zitternden Händen zwang Susi sich dazu, ihre Aufmerksamkeit auf das Bild zu konzentrieren, auf das sie so lang gewartet hatte. Während sie das Gesicht betrachtete, stiegen Erinnerungen in ihr auf: die blasse Haut ihrer Mutter, ihr glattes schwarzes Haar, das meist nach hinten gekämmt und zu einem Knoten zusammengebunden war, und das Lachen, das sich tief hinten in ihren Augen versteckte. Und dann überflutete sie merkwürdigerweise eine Reihe von Erinnerungen an Miss Bennett, die vor langer Zeit ihre Schulleiterin gewesen war. Da erkannte sie, warum sie sich so stark zu ihr hingezogen gefühlt hatte, warum sie auf die Gefahr hin, sie zu erzürnen, ununterbrochen ihre Aufmerksamkeit zu gewinnen versucht hatte.

Damals hatte sie zwar nicht gewußt, was sie tat, aber unbewußt nach der Liebe gesucht, die sie von ihrer Mutter vielleicht bekommen hätte. In ihren Gedanken waren das Bild ihrer Mutter mit dem von Miss Bennett verschmolzen. Nachdem sie nun über das Mittel verfügte, sie auseinanderzuhalten, begriff sie so viel von ihrem Verhalten als Kind und von der Sehnsucht nach Mutterliebe, die sie ihr ganzes Leben lang empfunden hatte. Jetzt war es zu spät, die Liebe der Frau zu bekommen, deren Gesicht sie vor sich sah, aber sie hatte etwas, das ebenso kostbar war: Sie hatte etwas, auf das sie ihre Liebe als Tochter richten konnte. Sie begann zu verstehen, daß Geben tatsächlich seliger ist als Nehmen. Und indem sie ihre Mutter und die lange verschütteten Gefühle für sie fand, fing sie allmählich an, sich selbst zu finden.

Tante Martha begriff die Bedeutung der Fotos sehr wohl. »Wenn ich die Fotos nicht aufgehoben hätte, dann hätte Susi jetzt keine«, sagte sie, als Susi sie und ihre Tochter Senta in ihrer Wohnung besuchte. »Ich bin nicht abergläubisch, aber es sollte wohl so sein, daß ich sie aufbewahrte. Das hat Gott mir eingegeben. Ich habe lange gelebt, lang genug, um diese Fotos zu übergeben. Ist das nicht ein Wunder? Gott sei Dank dafür.«

Als Susi wieder in Rugby war und sich nach den vielen neuen Erfahrungen in Amerika noch gar nicht an zu Hause gewöhnt hatte, ging sie als erstes in ein Geschäft, das Bilderrahmen verkaufte. Außer den Fotos von Rosa, die jetzt ihr kostbarster Besitz waren, hatte sie auch Abzüge von Familienmitgliedern aus dem letzten Jahrhundert erhalten, die die Bechhofers ihr geschenkt hatten. Bald standen diese Fotos in Susis Wohnzimmer.

Alan freute sich zwar, daß Susi Verwandte entdeckt hatte, von denen sie vorher nichts gewußt hatte, sah aber keinen Sinn darin, aus ihrem Haus einen Altar für die düsteren Bilder der Vergangenheit zu machen. In das Zimmer zu kommen und sich einer Galerie fremder Männer mit flachen Hüten, langen Mänteln und langen buschigen Bärten gegenüberzusehen, gab ihm ein merkwürdiges Gefühl. Er fühlte sich aus seinem eigenen Haus gedrängt und hielt damit nicht hinter dem Berg.

Als Susi nach Hause kam, wartete ein Brief vom Innenministerium auf sie. Er enthielt die Antwort auf ihre Frage nach Einzelheiten über die Einreise ihrer Mutter nach Großbritannien. Sie war bitter enttäuschend. Von Rosa gab es noch immer keine Spur. In Susis Tagebuch steht dazu:

> Ich frage mich allmählich, ob sie überhaupt hierher kam. Vielleicht war das Schriftstück des *Central British Fund* nur ein Anmeldeformular, das per Post kam, wie Jerry in seinem Brief vermutet hat. Ich bin bei meiner Suche in einer Sackgasse gelandet. Aber ich muß

weitermachen und jeden Stein umdrehen, bis ich herausgefunden habe, was aus Rosa geworden ist. Dies ist das allerwichtigste Detail meiner Suche.

Und sie machte weiter. Sofort entwarf sie eine Suchmeldung und schickte sie zur Veröffentlichung an die Zeitschrift des *Central British Fund*, die von Tausenden ehemaliger jüdischer Flüchtlinge gelesen wurde. Susi hielt allen gegenteiligen Hinweisen zum Trotz an ihrem Glauben fest, daß Rosa es nach England geschafft habe. Mit ihrer einfachen Bitte drückte sie eine lebenslange Sehnsucht aus:

BITTE UM AUSKÜNFTE

ROSA BECHHÖFER. GEBOREN AM 7. 7. 1898. AM 30. 4. 1943 ALS HAUSANGESTELLTE REGISTRIERT. MUTTER VON ZWILLINGEN. WER SICH AN SIE ERINNERT, MÖGE SICH MELDEN UNTER KENNUMMER 82. EILT.

9. MARTINA

»Susi, du hast eine Schwester!« Am Apparat war Brigitte Hald aus München. Die unermüdliche Sozialhelferin hatte sich nicht mit der Entdeckung von Otto Halds Geburtsurkunde und einigen anderen wichtigen Daten über Susis Vater zufriedengegeben. Vielmehr hatten ihre Nachforschungen diesmal ein wirkliches Juwel zutage gefördert. Brigitte hatte fast ein Jahr lang auf ihre ergebnislose und frustrierende Detektivarbeit verwendet, bis sie endlich Erfolg hatte. Da sie sich inzwischen ganz mit Susis Bemühen identifizierte, wußte sie, daß diese Neuigkeit ihre Freundin sehr überraschen würde. Entsprechend stolz war sie darauf, daß sie sie überbringen durfte.

Brigitte erzählte im Schnelldurchlauf, wie sie von diesem neuen Zuwachs in Susis Familie erfahren hatte. Der Schlüssel zu allem sei Ottos Geburtsurkunde gewesen, denn damit hatte sie einen geographischen Rahmen, auf den sie ihre Anstrengungen konzentrieren konnte. Von da an hatte eines zum anderen geführt. Sie hatte entdeckt, daß Ottos Frau Luise ein halbes Jahr nach ihrer Heirat, also lange bevor die Ehe zusammengebrochen war, eine Tochter zur Welt gebracht hatte. Susi erkannte sofort, daß die Geschichte sich hier wiederholt hatte. Das Kind war unehelich gezeugt worden, genauso wie zuvor schon Lotte und sie selbst. Doch hier hörten die Ähnlichkeiten auch schon auf, denn Otto, der ihre Mutter Rosa im Stich gelassen hatte, nahm die schwangere Luise zur Frau.

Susis Halbschwester war Martina Uhlitzsch, inzwischen sechsundvierzig Jahre alt, geboren in Leipzig und noch immer dort wohnhaft. Für Martina war der Schock noch größer gewesen. Sie hatte ja nichts von unbekannten Verwandten geahnt. Der unglücklichen Umstände ihrer Kindheit war sie sich allerdings stets bitter bewußt gewesen. Nachdem Brigitte sie ausfindig gemacht hatte, war sie anfangs reserviert gewesen, half ihr dann aber bereitwillig weiter:

> Eines Abends im Oktober 1989 rief mich eine Brigitte Hald an. Sie fragte, ob ich die Tochter von Otto Hald wäre. »Ja«, antwortete ich, »das stimmt. Er war am 16. Dezember 1907 geboren.« Da hat sie gesagt: »Setzen Sie sich lieber hin!« Dann erklärte Brigitte mir alles. Am Anfang habe ich gedacht, sie nimmt mich vielleicht auf den Arm, weil ich leicht mißtrauisch bin. Aber ich rief sie trotzdem zurück, weil ja niemand wissen konnte, daß Otto Hald mein Vater war. Das war unmöglich. Die Geschichte mußte wahr sein.«

Genauso wie damals, als Susi von der Existenz der amerikanischen Bechhofers erfahren hatte, war sie sich auch jetzt nicht so ganz sicher, was sie mit dieser aufwühlenden Neuigkeit anfangen sollte. Da sie gerade allein zu Hause war, konnte sie sie niemandem mitteilen, nicht einmal ihrem Mann. Aber, überlegte sie dann, wer außer Bertha und Brigitte interessierte sich schon wirklich für das Ergebnis ihrer Suche? Inzwischen war sie daran gewöhnt, mit solchen Dingen allein fertigzuwerden. Sie dankte Brigitte, setzte sich, während ihr die Bilder von Bechhöfers und Halds durch den Kopf schwirrten, erst einmal mit einer Tasse Tee vor den Fernsehapparat und sah sich die Vorabendnachrichten an.

So ruhig sie noch war, änderte sich ihre Stimmung bald, als sie den Bericht über die Massendemonstrationen in Leipzig sah, wo der Kommunismus, wie bald in der gesamten DDR, in den letzten Zuckungen lag. Susi erinnert sich:

> Es war nicht zu fassen. Erstens wußte ich nicht mal genau, wo Leipzig lag. In Ost-, West-, Nord- oder Süddeutschland? Und da sah ich im Fernsehen plötzlich Bilder von Leipzig und hatte gerade erst erfahren, daß ich dort eine Schwester hatte. Ob sie da draußen wohl mit den Leuten demonstriert, habe ich überlegt.

Bald klingelte das Telefon bei Martina in der Mozartstraße wieder. Diesmal war Susi dran. Sie wußte zwar, daß sie schon lang kein Deutsch mehr und Martina kein Wort Englisch konnte; trotzdem sagte ihr erstes kurzes Gespräch alles, was für den Augenblick zu sagen war:

»Susi.«

»Martina.«

»Schwester.«

»Sister.«

Susi erinnert sich:

> Nach diesen einleitenden Worten redeten wir eigentlich keine Sprache mehr. Wir machten bloß Hm und Ah. Und wir wußten, daß wir Schwestern waren. Wir waren beide aufgeregt. Es war ein ungeheurer Augenblick für uns beide. Obwohl wir uns nicht unterhalten konnten, wußten wir beide genau, was los war.

Am anderen Ende der Leitung standen Martina die Tränen in den Augen und ihrem Mann Detlef ebenfalls. Obwohl sie die Suche nicht angeregt hatte, war sie ebenso erfreut wie Susi, eine so nahe Verwandte gefunden zu haben. Seit dem Tod ihrer Mutter Luise vor neun Jahren hatte Martina überhaupt keine Verwandten mehr gekannt. Im übrigen hatte sie den größten Kummer ihres Lebens nie verborgen: Sie konnte keine eigenen Kinder bekommen. Nur ihre sehr glückliche Ehe und ihr verständnisvoller Mann hatten ihr die latent stets vorhandene Einsamkeit vertrieben.

Susi und Martina nahmen einen Briefwechsel auf, den Brigitte für die beiden übersetzte. Anfangs sprach Martina in den höchsten Tönen von ihrem Vater. Er sei immer sehr lebensfroh gewesen, erzählte sie fröhlich, und sie habe mit ihm als Kind immer ihren Spaß gehabt. Und nicht nur das: Er sei auch eine schillernde, schöpferische Persönlichkeit mit großer Begeisterung für viele Dinge des Lebens gewesen. Als sich zwischen den Schwestern jedoch ein gewisses Vertrauen einstellte, nahm Martina Otto nicht mehr so sehr in Schutz. Langsam kam die Wahrheit ans Licht.

Ihr Vater hatte ihr viel Leid zugefügt. Nach der Trennung von Luise hatte er oft darauf bestanden, sie auf Besuche zu seinen verschiedenen Freundinnen mitzunehmen. Es fiel Martina nach vierzig Jahren immer noch schwer, darüber zu sprechen. Otto ließ durch sie seiner Frau auch immer wieder die gleiche Botschaft ausrichten: In Zukunft gebe es keine Frauen und keinen Wein mehr. Für Luise war Ottos legendärer Charme jedoch längst abgeblättert, und sie ließ sich nicht auf seine Versuche ein, sie mit Hilfe ihrer Tochter wieder milde zu stimmen.

Und dann redete Martina von ihrer schmerzlichsten Verletzung. Ihr geliebter Vater, der er für sie trotz aller Unzulänglichkeiten geblieben war, verschwand auf geheimnisvolle Weise mit seiner Haushälterin und tauchte nie wieder auf. Martina war damals elf Jahre alt gewesen. Auf ähnlich rücksichtslose Weise war er achtzehn Jahre zuvor mit Susis Mutter umgesprungen. Doch damals hätte er, wenn er so tief gesunken wäre, immerhin auf die Nürnberger Gesetze verweisen und zu seiner Verteidigung behaupten können, die Beziehung zu Rosa sei gesetzlich verboten; darum sei es für beide am besten, sie zu beenden. Doch obwohl ihm nun staatlicherseits keine Gewalt angedroht war, brachte er es nicht einmal fertig, sich von seiner Tochter zu verabschieden, sondern stahl sich lieber in der Nacht davon.

Mit Ottos Verschwinden war das Leid, das sie von seiner Seite zu gewärtigen hatte, noch nicht vorbei. Denn sie mußte die Sorgen ihrer Mutter miterleben, die mehr finanzieller als gefühlsmäßiger Natur waren. Trotz der Scheidung von Otto, die sie anschließend durchsetzte, mußte sie für seine beträchtlichen Schulden haften, die meistenteils aus unbeglichenen Steuern auf das Einkommen aus dem Verkauf seiner Metallprodukte im Osten resultierten. Es war ein sehr ungleicher Handel: Die sitzengelassene Ehefrau mußte für die Schulden ihres Ex-Gatten aufkommen, während er keinen Pfennig zu ihrem Unterhalt beitrug.

Angesichts dieser schrecklich widrigen Umstände strengte Luise sich sehr an. Sie war entschlossen, das Fehlen von Martinas Vater wettzumachen. Sooft es ihr möglich war, machte sie Überstunden, um ihre Tochter in Konzerte mitnehmen zu können, und gab ihr Äußerstes, um ihre Neigung zu Musik und Kunst zu fördern. Aufgrund seiner starken Musiktradition war Leipzig die ideale Stadt dafür, und Martina hörte oft das berühmte Gewandhausorchester und den Thomanerchor; später war sie eine eifrige Besucherin des neuen Opernhauses.

Doch die schönste Musik im Land konnte für Martina nicht den Verlust ihres Vaters ausgleichen. Ihre ganze Jugend über fragte sie sich, ob sie sein Verschwinden mitverursacht hatte. Sie überlegte auch, ob ihr Leben anders verlaufen wäre, wenn sie als Vermittlerin mehr Erfolg gehabt hätte. Sie machte sich innerlich Vorwürfe, sich nicht stärker eingesetzt zu haben. So verging kaum ein Tag, an dem sie nicht an ihren Vater dachte, und zwar stets mit einer Mischung aus Liebe, Wut und Trauer.

Unter Martinas Enthüllungen über das Verhalten ihres Vaters fand sich etwas, das einen tiefen Eindruck auf Susi machte. In einem von Martinas Briefen steckte ein Foto von Otto. So erfuhr Susi erstmals, wie ihr Vater ausgesehen hatte. Doch nicht sein Gesicht oder seine Figur stachen ihr in die Augen, als sie den vergilbten Abzug erblickte. Nein, auf dem Foto war ein deutscher Soldat im üblichen Wehrmachtsmantel zu sehen, mit einem Gewehr über der rechten Schulter und, breit auf dem Kopf sitzend, dem nur allzu bekannten Stahlhelm der Kriegszeit. Das war also Otto Hald, ihr Vater. Aber war er nicht gleichzeitig ihr Feind?

»Als ich das Foto sah«, erinnert Susi sich, »war ich ziemlich niedergeschmettert.«

> Wenn man sich auf so ein Vorhaben einläßt, muß man auf absolut alles gefaßt sein. Und eigentlich ist das genau das Szenario, das ich nicht haben wollte. Aber zugleich ist der Mann, der da steht, mein Vater, in einer deutschen Uniform. In meiner Phantasie hatte ich ihn mir als diesen hinreißenden Mann gewünscht, den ich vielleicht hätte lieben können. Ich will nicht sagen, daß ich ihn nicht lieben kann. Nur daß ich sicher nicht lieben kann, was er darstellt, wie er so dasteht – als Feind.

Dann traf über Brigitte eine Reihe von Fotos von Otto ein. Susi, der man ihr ganzes Leben alle Informationen über ihre Herkunft vorenthalten hatte, verspürte ein Bedürfnis, sich mit den Bildern dieses Vaters zu umgeben, den sie nie kennengelernt hatte. Ihr Gatte war alles andere als erfreut. »Für sie war das ja schön und gut«, meint er noch heute, »aber ich konnte kaum begreifen, warum sie überall im Haus diese vielen Fotos aufstellen wollte, wenn er an so einem Durcheinander schuld war. Otto wirkt auf mich ziemlich kläglich ... Und meiner Meinung nach war er auch ziemlich unanständig – ein richtiger Weiberheld.«

Susi steht zu ihrer Entscheidung:

> Tatsächlich stellte ich diese Fotos von Otto auf, weil vieles, was ich über meinen Vater erfuhr, für mich sehr betrüblich war. Ich hatte gerade herausbekommen, daß von den zwei Vatergestalten in meinem Leben ... nun, ich hätte keinen von beiden genommen. Ich fühlte mich von beiden mißbraucht, freilich auf unterschiedliche Weise. Indem ich mich mit seinen Fotografien umgab, verzichtete ich also, mich mit irgendeiner Art Vatergestalt abzufinden. In meinem Wahnsinn steckte Methode.

Ihr Plan ging jedoch nicht ganz auf, denn mit der Zeit begann die Anziehungskraft von Ottos Fotos zu verblassen, ganz so wie die Schwarzweißaufnahmen selbst. Susi erkannte schließlich, daß die eher jämmerliche Gestalt, die sie vom Kaminsims im Wohnzimmer und überall im Haus anstarrte, für alle Beteiligten nur Leid bedeutete. Rosa Bechhöfer hatte durch ihn gelitten. Susi und Lotte auch. Am Ende verbannte sie sämtliche Fotos auf den Dachboden.

Alan atmete erleichtert auf, als er sie wegräumen durfte. Inzwischen hatte Susi ihren Vater akzeptiert, wie er war. Sie war sich bewußt, daß sie Otto »losgelassen« hatte.

Ich weiß zwar nicht warum, aber es ist so. Ich schiebe lieber einen großen Teil seines »schlechten Benehmens« auf die Zeitumstände als auf meinen Vater selbst, weil Otto Arier und Rosa Jüdin war: Er hatte sicher keine andere Wahl, als sie zu verlassen. Ich bringe es einfach nicht fertig, ihn mit den Nazis und dem Nationalsozialismus in einen Topf zu werfen. Ich stelle dies fest, weil die Tatsache, daß Otto der Feind war, ja nicht heißen muß, daß er mein Feind war. Mir ist allerdings klar, daß viele Teile der Dinge, die ich mir über meinen Vater ausgemalt habe – daß er ein hinreißender, gewandter junger Offizier war, der meine Mutter geliebt und schwer darum gekämpft hatte, mit ihr zusammensein zu können –, zum größten Teil Blödsinn waren. Diese Geschichte war für mich also auch recht schmerzlich.

Die Fernsehproduzentin Sally George war sich bewußt, was für riesige Fortschritte Susi bei der Suche nach ihrer Herkunft gemacht hatte. Sie hatten damals oft davon gesprochen, über Susi einen Dokumentarbericht zu drehen. Sally hatte den Gedanken verworfen, Susi mit in die Sendung über die Kindertransportkinder aufzunehmen, einfach weil Susi sich nicht mehr erinnern konnte, was mit ihr geschehen war, und sie Gesprächspartner brauchte, die dazu in der Lage waren. Nach Sallys Entscheidung stand Susi, die wußte, wie aufwendig es war, einen Fernsehfilm zu drehen, der Möglichkeit einer Verfilmung ihrer Geschichte eher gleichgültig gegenüber. Sie konnte sich auch nicht vorstellen, daß die Entdeckung ihrer Halbschwester in Leipzig viel an der Lage ändern würde.

Aber als sie Sally davon erzählte, erkannte diese sofort, daß sie die Gelegenheit nicht ungenutzt verstreichen lassen durfte. Sie entschloß sich sofort, mit einem Filmteam bei der ersten Begegnung von Susi und Martina dabeizusein. Da ihr klar war, daß sie rasch handeln mußte, hatte sie schon nach wenigen Wochen das Einverständnis für eine entsprechende Sendung. Nach achtzehn Monaten voller Hin und Her und Verzögerungen konnte die Verfilmung von *Whatever Happened to Susi?* (Was geschah wirklich mit Susi?) endlich beginnen.

Voll Erwartung auf die Reise schrieb Susi in ihr Tagebuch:

> Nach fünfzig Jahren wieder in München. Es ist der richtige Zeitpunkt. Hier werde ich meine zurückgelassene Vergangenheit aufsaugen und sie in die Gegenwart integrieren. Ich glaube, Martina ist das Geschenk, das mir das Fehlen meines Vaters ersetzen wird. Ich danke Gott für die vielen Menschen, die mir diese einmalige Reise ermöglichen.

Effizient wie immer, hatte Brigitte Hald das Treffen der beiden Schwestern in München arrangiert, da Martina nach dem Zusammenbruch des Kommunismus nun ungehindert in den Westen reisen konnte. Während Susi auf dem Hauptbahnhof am Gleis wartete, brauste Martinas Zug in die bayerische Hauptstadt. Obwohl die beiden Frauen sich zahlreiche Briefe und Fotos geschickt hatten, fragten sie sich mit einer Mischung aus Ängstlichkeit und Aufregung, wie es sein würde, sich zum erstenmal von Angesicht zu Angesicht zu begegnen und einander in den Armen zu halten.

Schließlich fuhr der Zug ein, und Martina stieg aus. Bei ihr war Teddy, wie sie ihren Mann Detlef nannte, und wollte sich den großen Augenblick nicht entgehen lassen. Susi erinnert sich:

> Und dann sah ich sie. Ja, da will man einander nur halten und sagen: »Das ist es. Wir sind Schwestern. Wir haben denselben Vater.« Und ich kann jetzt zum erstenmal anerkennen, daß ich einen Vater hatte. Das mag für eine über Fünfzigjährige etwas seltsam wirken, aber so war es. Ich war jetzt tatsächlich in der Lage zu verstehen, daß in Gestalt Martinas ein Teil meines Vaters vor mir stand. Darum öffneten sich in mir alle Schleusen, und ich hatte Gefühle, die ich zuvor nie empfunden hatte. Das war in gewisser Weise recht erschreckend. Aber ich bin mir sicher, daß Martina genauso empfand. Einen so gefühlsgeladenen Augenblick hatte ich nicht erwartet.

Es gab noch einen Grund für die Tränen, die Susi plötzlich überwältigten. Als sie ihre Halbschwester zum erstenmal in Fleisch und Blut sah, fiel ihr sofort die große Ähnlichkeit zwischen Martina und ihrer verstorbenen Zwillingsschwester auf. Nicht nur die Augenfarbe und die Frisur stimmten überein, sondern auch viele andere Details bis hin zur eckigen Brille mit Goldrand. Die Ähnlichkeit war sogar ein bißchen unheimlich, denn Lotte – Susi nannte Eunice jetzt wieder bei ihrem ursprünglichen Namen – war schon seit fast zwanzig Jahren tot.

Das Gefühl, Lotte zu begrüßen, war für Susi eher unangenehm. Sie hatte sämtliche Gedanken an ihre Zwillingsschwester verdrängt, um überleben zu können. Und als sie jetzt Martina erblickte, stürzten alle diese Erinnerungen mit einem Schlag wieder auf sie ein. Sie war sich nicht sicher, ob sie das wollte. Heute ist ihr klar, daß der Schmerz daher rührte, daß sie den völligen Verlust Lottes nie richtig verarbeitet hatte. Wie merkwürdig, daß nach so vielen Jahren jetzt eine Verkörperung von Lotte Bechhöfer/Eunice Mann vor ihr stand. Martinas Umarmung war herzlich und aufrichtig, aber für Susi war die Sache nicht so einfach. Wie konnte sie Martina ungehemmt in die Arme schließen, wenn sie noch die Trauerarbeit für ihre früh verstorbene Schwester zu leisten hatte?

Die Intensität des Augenblicks begann nachzulassen. Susi und Martina fuhren in Brigittes Wohnung. Dort wollten sie in Ruhe etwas mehr Zeit miteinander verbringen. Brigitte fungierte als Dolmetscherin, und die beiden Schwestern tauschten Geschenke und Fotos aus, von denen insbesondere eines Susis Aufmerksamkeit erregte. Es war eine Schwarzweißaufnahme von Otto, wie er die etwa achtjährige Martina an der Hand führt. »Irgendwie dachte ich mich in das Foto hinein«, erzählte Susi später. »In meiner Vorstellung hielt mein Vater mich an der Hand. Ich dachte immerzu: Dort sollte eigentlich auch meine Hand sein. Warum ist er nie für mich dagewesen?«

Susi wußte bereits um das Leid, das Otto Martina zugefügt hatte, aber jetzt entdeckte sie, daß auf dem Foto einer der seltenen Augenblicke festgehalten worden war, in denen die Hände der beiden ineinander verschränkt lagen. Während die beiden Schwestern ihre Erinnerungen austauschten, stellten sie fest, wie seltsam es war, daß sie durch eine Verkettung von höchst unwahrscheinlichen Zufällen zueinander gefunden hatten: zwei Unschuldige, die der Gleichgültigkeit und der Selbstsucht ein und desselben Mannes zum Opfer gefallen waren.

Zwar schränkten die Sprachschwierigkeiten die Verständigung zwischen den beiden ein, aber es bedurfte ohnehin keiner Worte, als Martina Susi ein Präsent überreichte, das persönlicher und wertvoller nicht hätte sein können. Es war der Ring ihres Vaters Otto, den er Martina geschenkt hatte, als sie erst drei war. Natürlich fiel es Martina schwer, sich davon zu trennen, weil er eines der wenigen Dinge war, die sie an die allzu kurze gemeinsam mit ihm verbrachte Zeit erinnerte; trotzdem gab sie ihn ihrer neugefundenen Schwester gern, da diese von ihrem Vater nie in den Armen gehalten worden war. Das war Martinas Art, sich für Ottos grauenhaftes Verhalten gegenüber Susi, Lotte und Rosa zu entschuldigen. Trotz allem nimmt Martina ihren Vater immer noch ein wenig in Schutz und will ihn nicht völlig verurteilen; darin stimmen die beiden Halbschwestern überein.

Wie es der Zufall wollte, schenkte auch Martha Bechhofer ihrer lange verloren geglaubten Nichte einen Ring, um ihre Zuneigung und Fürsorge für sie auszudrücken. Es war ein Ring, der einst Rosa gehört hatte. Susi trägt sie nun beide voller Stolz; manchmal allerdings schaut sie sie an und weiß nicht, ob sie weinen oder lachen soll:

> Die Ironie in der ganzen Geschichte ist einfach unbeschreiblich. Wenn ich lache, sage ich mir: »Ihr habt wohl, als ihr die Ringe gekauft habt, kaum daran gedacht, daß eines Tages Susi, das kleine Mädchen aus dem Waisenhaus, sie tragen würde.« Und wenn ich weine, dann darüber, daß es mir zwar endlich gelungen ist, Otto und Rosa an meinem Finger symbolisch zu vereinen, daß ich beide Eltern aber weder als Kind noch später je hatte.

Für Martina und Detlef war es bald Zeit, sich zu verabschieden. Martina hatte zwar einen unvergeßlichen Tag erlebt, wollte aber eiligst wieder nach Leipzig zurück.

Ein paar Tage später schrieb sie mit Brigittes Hilfe an Susi, da es ihr immer leichter fiel, sich brieflich als persönlich auszudrücken.

Meine liebe Susi,

Teddy und ich möchten Dir sagen, daß wir sehr froh sind, Dich gefunden zu haben. Wir freuen uns, daß wir Dich zum erstenmal gesehen haben. Wir denken oft an die Zeit in München. Ich möchte Dir für die gemeinsam verbrachten Stunden danken, in denen ich Deine Hand halten und Dir in Deine schönen Augen sehen durfte.

Wir leben jetzt in einem neuen Land und müssen uns anpassen. Ja, ich habe Angst um meine neue Stelle. Ich kann nicht mit Worten ausdrücken, wie sehr ich Dir für die wunderbaren Geschenke danke. Warum hast Du soviel Geld für uns ausgegeben? Dein Dasein war Geschenk genug für uns.

Dir, meine liebe Schwester, alles Liebe und Gottes Segen.

Deine Dich liebende Schwester
Martina

Als es ans Antworten ging, hatte Susi nur einen Gedanken im Kopf; nur eines schien wichtig zu sein. Nach so vielen Jahren allein und ohne Wissen um die eigene Identität hatte sie endlich ihre Verwandtschaft väterlicherseits gefunden.

Sie wußte, daß sie Otto Hald kaum näher kommen konnte. Dabei waren viele seltsame Gefühle ausgegraben worden, die meist mit der Vergangenheit zu tun hatten. Trotzdem zweifelte Susi nicht daran, daß jeder Augenblick sich gelohnt hatte, sogar die Momente, die sie anfangs beunruhigt hatten. Denn durch das Empfinden und

Teilen neuer Gefühle hatte sie die Schwester kennengelernt, die sie gerade erst entdeckt hatte.

»Wir sind Schwestern«, verkündete sie Martina, »und das kann uns keiner mehr nehmen.«

Die Filmaufnahmen der BBC waren ebenfalls erfolgreich gewesen, aber Sally George war sich im klaren darüber, daß es jetzt unbedingt herauszufinden galt, was aus Rosa geworden war, um Susis Geschichte zu vervollständigen. Ohne daß Susi davon wußte, beauftragte sie ein kleines Team mit Nachforschungen; dieses sollte an dem Punkt weitersuchen, bis zu dem Susi und Bertha gekommen waren. Nachdem Sally bereits einen Film über das weitgesteckte Thema Kindertransport gemacht hatte, zweifelte sie genauso wie Jerry Bechhofer daran, daß Rosa es jemals nach England geschafft hatte. Aber sie wußte, daß ihre Vermutung nicht ausreichte.

Jetzt war es auch ihre Aufgabe, die Wahrheit über Rosa zu entdecken.

10. DER PASS ZUR VERNICHTUNG

»Ich möchte Grace gegenüber ja nicht unfreundlich sein«, betonte Reverend Mann und heuchelte Großzügigkeit und Gekränktheit gleichermaßen,

> aber wir haben das Gefühl, daß sie uns das, was wir getan haben, ins Gesicht wirft, weil sie uns aus ihrem Leben ausgeschlossen und sich uns im Lauf der Jahre entfremdet hat. Sowohl meine Frau als auch ich hatten Augenblicke, in denen wir dachten, es wäre vielleicht besser gewesen, doch dem Rat des *German-Jewish Aid Comittee* zu folgen – das heißt, die Zwillinge bei ihrer Ankunft in London auseinanderzureißen. Und dann schlucken wir unsere Worte hinunter und sagen uns, wie verkehrt das gewesen wäre. Und wir machen uns Vorwürfe, dergleichen überhaupt gedacht zu haben.

Susi, der es widerstrebte, ihrem Adoptivvater den Mißbrauch vorzuhalten, der das Ende ihrer Kindheit und ihre ganze Jugend überschattet hatte, hatte sich als Erwachsene entschieden, die beste Lösung bestehe darin, Abstand zu Edward Mann zu halten. Tatsächlich fühlte sie sich erst nach ihrer Heirat mit Alan Stocken frei dafür, und selbst dann lief das Verhältnis zu ihrem Vater nicht so leicht in neuen Bahnen, wie sie gehofft hatte.

Von Anfang an war Susi entschlossen, die schwer errungene Freiheit mit Vehemenz zu verteidigen. Trotzdem wollte sie den Pfarrer, der inzwischen in Pension gegangen war, nicht offen herausfordern oder stellen. Ihre Haltung sollte das Verhältnis viele Jahre lang bestimmen: Sie ignorierte ihn einfach. Er wurde auf Distanz gehalten und durfte kaum an ihrem Leben und dem ihrer Familie teilhaben.

Ein einziges Mal versuchte Susi, ihr Leid aus der merkwürdigen Beziehung zu ihrem Adoptivvater anders aufzuarbeiten. Im Oktober 1988, als sie auf der Suche nach ihrem leiblichen Vater war, wandte sie sich an eine Therapeutin um Hilfe. Sie wußte, daß sie sich noch mit dem zerstörerischen Einfluß ihres mächtigen und beherrschenden Adoptivvaters auseinandersetzen mußte, der in ihrer Jugend eine so dominante Kraft auf sie ausgeübt hatte.

Da die Therapeutin merkte, daß ihre Patientin recht gut schreiben konnte, schlug sie ihr vor, alle negativen Gefühle, die ihr Sorgen machten, zu notieren. Susi fand dies anfangs schwierig, aber schon bald ging ihr die Sache leicht von der Hand. Die Worte strömten ungehindert, manchmal sogar unzusammenhängend, so mächtig waren die Gefühle, die sich nun Bahn brachen.

19. 10. 88

Ich wurde gefragt, was ich für dich empfinde, E. J. Mann – du hast ein Geschenk bekommen – ein Kind zu lieben – und du hast es ZERSTÖRT – ICH EMPFINDE TIEFE BITTERNIS, ÄRGER UND WUT – vor letzterer habe ich Angst. Sie könnte AUSBRECHEN und alles vernichten, was ich mir tapfer erkämpft und aufgebaut habe. Und darum vergrabe ich dieses Gefühl, weiß dabei aber, daß ich zum Teil lahmgelegt bin.

Wie hast du mich ZERSTÖRT? Du hast mich geistig und körperlich mißbraucht. Mir wie ein BLUTEGEL das Leben ausgesaugt. Du hast mein ganzes Wesen in Ketten gelegt. Du bist ein SCHMUTZIGER DREKKIGER HEUCHLER, DER ANDEREN PREDIGTEN HÄLT – und mich mit GRAUSAMEN VERHALTENSWEISEN mißbraucht hat.

Wie ÄUSSERTEN sich diese? Ich will es dir sagen – du Hund. Du bist, als ich zehn war, zu mir in mein Bett gekrochen und hast deinen schmierigen P. in meine V. gesteckt. ICH HABE DICH DESWEGEN GEHASST, aber mich auch UNSICHER GEFÜHLT, AUS FURCHT, DASS ICH DIR VERWEIGERN KÖNNTE, was du unter der PSEUDO-AUSREDE, MICH ZU DEINEM FLEISCH UND BLUT ZU MACHEN, von mir verlangt hast. DU BIST KRANK – DU HAST MICH GEZWUNGEN, DEINEN SCHMIERIGEN P ZU HALTEN, WEIL DICH DAS VERMUTLICH ERREGT HAT, und als ich älter wurde, wolltest du mein Lebensblut, indem du mir angemessene Beziehungen vorenthalten hast. WARUM? Ich vermute, du hattest ANGST, daß ich reden könnte. Das habe ich nicht getan, aber jetzt werde ich es. ICH WÜRDE GERN SAGEN: »VERROTTE IN DER HÖLLE«, ABER NEIN, SO ZERSTÖRERISCH KANN ICH NICHT SEIN. DU MUSST DEN PREIS ZAHLEN, DEN »GOTT« DIR BESTIMMT. ABER ERST SIND NOCH TRÜMMER WEGZURÄUMEN. ICH MUSS MICH AUS DEINER KNECHTSCHAFT BEFREIEN – DU BIST EINE SCHLANGE UND NIMMST MICH MIT DEINEM STACHEL IN ANSPRUCH.

Reverend Mann bekam diesen Ausdruck der geballten Wut seiner Pflegetochter zwar nie zu Gesicht, aber ihre Kälte ihm gegenüber war unmißverständlich. Da die Gründe für ihre Verachtung auf der Hand lagen, waren die Klagen darüber, daß er von ihr ausgeschlossen wurde, unaufrichtig. Die Wahrheit war, daß er wütend war, weil er nicht glücklich sein konnte, wenn er keine Kontrolle ausübte.

In einem besonders heftigen Brief während dieser bitteren Korrespondenz, die die beiden über Jahre miteinander führten, warnte er Susi. Wenn sie ihre frostige Haltung nicht aufgebe und ihm nicht wieder eine richtige Tochter sei, müsse er ihre Besuche unterbinden. Außerdem machte er deutlich, daß er sich nicht mit Alan oder Frederick als Ersatz für sie abspeisen lassen wollte. Sein Ultimatum lautete, wenn er und seine Frau Susi nicht allein treffen konnten, entweder bei ihnen oder bei Susi, dann würden sie einander so gut wie gar nicht mehr sehen.

Susi kam es reichlich dreist vor, daß der Reverend noch immer auf diese Weise die Bedingungen ihres Verhältnisses diktieren wollte. Er hätte sich lieber glücklich schätzen sollen, daß er durch seinen langjährigen Mißbrauch nicht die Aufmerksamkeit des Bischofs oder der Gerichte auf sich gezogen hatte. Doch wenn ihm dies klar war, was anzunehmen ist, so hielt es ihn nicht ab, seinem Zorn über die Zurückweisung, die er spürte, Luft zu machen. Vielleicht verdiente er ja Strafe für die Vergehen der Vergangenheit, räumte er ein, aber mußte deshalb auch Irene Mann büßen?

> Ich möchte meiner reinen Abscheu Ausdruck verleihen, daß es für Mutter weder dieses noch letztes Jahr [Weihnachts-]Geschenke gab. Ja, Deine Haltung mir gegenüber kann ich verstehen. Was mich betrifft, so hast Du vermutlich das Richtige getan. Aber Deine Mutter? Was hat sie Dir getan? Die Frau, die Dir das Leben gerettet und Dir damit alles, was Du hast, gegeben hat – warum soll sie leiden? Stürze Dich nur auf mich, tu mir das Übelste an, wenn Du willst, aber laß meine Frau in Ruhe.

Kurz nach Silvester 1988 war dann Irene Mann mit dem Schreiben an der Reihe. Ja, sie hatte still gelitten, während ihr Gatte tobte, aber jetzt wollte sie ihr Schweigen brechen. Sie hatte vergessen, daß sie weggesehen hatte, als ihre Pflegetochter Gegenstand wiederholten Mißbrauchs durch ihren Gatten war, und wollte Susi nun ebenfalls die Meinung sagen:

> Die Weihnachtstage waren wie üblich sehr traurig. Wir bekamen 109 Weihnachtskarten. Aber keine von den Menschen, die wissen, was wir wissen, das heißt, daß Ihr alle drei rund neun Tage zu Hause seid und Euch nicht die Mühe gebt, uns für achtundvierzig Stunden zu besuchen. Wie kommt es, daß andere Leute alle möglichen Reisen auf sich nehmen, um an Weihnachten bei ihrer Familie zu sein? Was für Sünden haben wir begangen, daß wir mehr als andere Menschen eine solche Behandlung verdienen? ... Es tut mir leid, daß ich das schreiben muß, aber bist Du durch nichts zu rühren? Nächstes Weihnachten werde ich fast 82 Jahre alt sein und Dein Vater 78. Worauf wartest Du? Auf unseren Tod und ein Testament?
>
> Trotz allem wünschen wir Dir ein gutes neues Jahr.
>
> In Liebe
> Mami und Papi

Kurz darauf verschlechterte sich die bereits angespannte Beziehung weiter, als die Manns erfuhren, daß ihre überlebende Tochter, deren Herkunft und Erbe sie mit allen Kräften ausgelöscht hatten, sich auf die Suche nach ihren wahren Eltern gemacht hatte. Bei einem ihrer seltenen Besuche nahm Susi allen Mut zusammen, um sie ins Bild zu setzen.

»Ach, übrigens«, sagte sie so beiläufig wie möglich und versuchte, ihre Nervosität zu beherrschen. »Ich habe meine Geburtsurkunde bekommen.«

»Ach ja?« erwiderte ihr Vater.

»Ja, möchtet ihr sie mal sehen?«

»Ja, das möchte ich«, sagte der Reverend. »Ich fühle mich wie ein begossener Pudel«, schimpfte er, während er sich nach seiner Zeitung bückte.

Und dann wurde das Thema wie so oft in ihrer vergällten Beziehung sofort fallengelassen und nie wieder angesprochen. Susi durfte die dramatische Geschichte ihrer Suche nicht einmal mit den Menschen teilen, die bei ihrer Rettung eine so entscheidende Rolle gespielt hatten. Die Manns sollten von den New Yorker Bechhofers, vom verstorbenen Otto Hald und seiner Leipziger Tochter Martina und vielem anderen mehr erst ein paar Jahre später erfahren, als Sally Georges Fernsehsendung, die damals noch im Entstehen war, ausgestrahlt wurde.

Anfangs schienen die Nachforschungen für den Film nicht so recht vom Fleck zu kommen. Das Team der BBC bemühte sich, neue Fakten zu eruieren. Dann erhielt Susi einen Brief vom Britischen Roten Kreuz, der nicht dürftiger hätte ausfallen können: »Das Schicksal Ihrer Mutter ist unbekannt. Sie könnte bei einem Luftangriff ums Leben gekommen sein oder dergleichen.«

Glücklicherweise hatte der Internationale Suchdienst in Arolsen wesentlich mehr zuwege gebracht. Bei weiterer, genauerer Sichtung der dortigen Unterlagen war herausgekommen, daß Rosa Bechhöfer sich am 18. Januar 1936 beim Arbeitsamt München gemeldet hatte und vom 17. Februar bis 3. März 1943 als ungelernte Arbeiterin in der chemisch-pharmazeutischen Fabrik Luitpold beschäftigt war. Was, fragte Susi sich, war in den sieben Jahren dazwischen passiert, und vor allem: danach?

Tatsächlich hatte Rosa in einem der Bereiche gearbeitet, die ihr noch zugänglich waren: Sie war Dienstmädchen bei bessergestellten jüdischen Familien in München gewesen, das heißt denjenigen, die einer Festnahme noch hatten entgehen können. Die beiden Dinge, die sie gut beherrschte, nämlich Nähen und Kochen, leisteten ihr gute Dienste, verhinderten jedoch nicht, daß sie immer wieder überstürzt die Stelle wechseln mußte, wenn ganze Familien deportiert wurden. Zwischen 1937 und 1941 arbeitete sie für sieben Haushalte, dazu einen Monat lang in einem jüdischen Altersheim.

Rosa mußte also von einem Arbeitgeber zum nächsten wechseln und war nacheinander für die Familien Walter, Böhm, Perutz und Bacher tätig. Im Unterschied zu ihren früheren Herrschaften, die hatten auswandern dürfen, wenn sie es wollten, steckten diese Juden der Mittelschicht in einem meist aussichtslosen Kampf um die Genehmigung zur Ausreise in die USA. Ab Mitte der dreißiger Jahre machte das NS-Regime die Türen allmählich zu; mit dem Kriegsausbruch standen nur wenige, höchst gefährliche Routen ins Exil offen.

Als Susi vom verzweifelten Wechsel ihrer Mutter von einer Familie in die nächste erfuhr, bekümmerte sie das sehr. »Ich habe das Bild einer Frau in einem schäbigen Mantel vor mir, der der Wind ins Gesicht peitscht; und während sie in der Stadt von einer Stelle zur nächsten läuft, hat sie ein Bild von uns Zwillingen fest im Kopf.«

Trotz allem Leid, das die recherchierten Unterlagen ihr bereiteten, war Susi doch froh, sie gefunden zu haben. Endlich hörte man ihr zu – ein radikaler Aufbruch aus der Vergangenheit, wie sie spürte. Natürlich konnte sie nicht mit den Möglichkeiten der BBC mithalten. Nach der eigenen Herkunft zu forschen war, das hatte sie längst mitbekommen, eine kostspielige Angelegenheit. Aber sie blieb zuversichtlich: Wenn jemand die Wahrheit über Rosa herausfinden konnte, dann war es Sally Georges Mannschaft.

Der Film sollte mit einer freundlichen Vorstellung Deutschlands beginnen. Susi war gespannt darauf, Bechhofen zu besuchen, das bayerische Dorf, aus dem die Vorfahren ihrer Mutter stammten.

> Ich entdeckte hier einen schönen Friedhof voll altertümlichen Zaubers. Das Licht war gerade perfekt, als ich nach den Gräbern der Bechhöfers suchte – und schließlich die Grabsteine meiner Großeltern entdeckte. Es lag Zauber und Heiterkeit in der Luft, als die Sonne über den Feldblumen unterging. Dann suchte ich das alte graue Haus der Familie auf ... In meiner Phantasie blitzte das Bild eines jungen Mädchens auf, das auf einer Bank vor dem Haus saß...

Sally George hingegen machte sich Gedanken über düsterere Fragen. Daß Susi sexuell mißbraucht worden war, bedeutete Sprengstoff. Sally sah die Schlagzeilen schon vor sich: »Holocaust-Kind von geistlichem Pflegevater mißbraucht« oder ähnliches. Sie war besorgt, daß die Schockwirkung dieser Enthüllungen, die zwar ernst waren, aber eben nur einen Teil von Susis Leben berührten, die übrige Geschichte erdrücken könnte. Sie fürchtete sogar, daß manche Leute sich nur aus schlüpfrigem Interesse den Film ansehen würden. Sally war sich mit Susi einig, daß das zentrale Anliegen des Films die Suche nach ihrer Herkunft sein sollte. Ihre Objektivität führte sie jedoch zur Schlußfolgerung, daß nicht nur die Dynamik wichtig war, die Susis Suche schließlich angestoßen hatte, sondern auch die Frage, warum sie so lange damit gewartet hatte. Hinter der ganzen Geschichte stand drohend die Macht, die ein dominanter, charismatischer Mann über seine Tochter ausgeübt hatte. Vielleicht hatte in erster Linie diese Kontrolle Susi als Jugendliche und noch als Erwachsene daran gehindert, zu sich selbst zu finden. Der Geistliche hatte keinen Zweifel daran gelassen, daß sie, sollte sie ihre Zuneigung einem anderen Menschen schenken oder ihr Leben anders gestalten wollen, der Liebe und des Schutzes verlustig gehen würde, ohne die sie sich hilflos fühlte.

Inzwischen war Susi selbst klargeworden, wie sehr sie unter dem Bann ihres Pflegevaters geblieben war, nachdem sie von zu Hause weggegangen war und geheiratet hatte. Sie hatte sich auch eingestanden, daß sie mit ihm zusammengewirkt hatte, eine Identität aufrechtzuerhalten, die er geformt hatte und die, wenn sie sich auflöste, ihm alles zu nehmen drohte.

Susi war zwar einverstanden, den sexuellen Mißbrauch im Film nicht zu dokumentieren, aber daß sie so oft mit Sally darüber redete, hatte eine entscheidende Auswirkung: Sie verlangte danach, den Täter zur Rede zu stellen. Alte Wunden waren wieder aufgebrochen, und endlich faßte sie den Mut, ihren Vater zur Rechenschaft zu ziehen. Sie war sich sicher, daß Reverend Mann die Anschuldigungen nicht leugnen würde, denn war er trotz seiner offenkundigen Vergehen nicht stets ein ehrlicher, gottesfürchtiger Mensch geblieben? Die Wahrheit sollte sich bald herausstellen.

»Lieber Herr Mann«, schrieb Susi und bediente sich von Anfang an eines förmlichen Tons. Wie viel befriedigender war es doch, dachte sie, ihrem Vater direkt zu schreiben, anstatt auf einem Stück Papier ihre Gefühle ihm gegenüber zu vermerken und dann nur der Therapeutin zu zeigen. Dann warnte sie ihren Vater, daß sie vorhabe, seine Verfehlungen sehr deutlich aufzuzählen. Es werde keine Spielchen mehr geben, kein Schattenboxen, keine heimlichen Anspielungen. Was habe Reverend Mann zu folgenden drei Hauptanschuldigungen zu sagen?

Erstens zum sexuellen Mißbrauch, der bereits in ihrer Kindheit angefangen und gedauert habe, bis sie erwachsen war. Verschlimmert worden sei die Sache noch durch die Wut des Geistlichen, vor der sie sich immer sehr gefürchtet habe, wenn sie sich ihm verweigerte.

Schwieriger zu schildern, aber dennoch genauso real, war der psychologische Mißbrauch. Besonders schlecht sei sie damit zurechtgekommen, daß der Reverend so auf sie fixiert gewesen war. Das habe sie nicht nur daran gehindert, eine normale Mutter-Tochter-Beziehung zu Irene aufzubauen; er habe auch dauernd ihre Versuche hintertrieben, andere Männer kennenzulernen und so ihre Chancen auf Freundschaften, geschweige denn sexuelle Beziehungen, zunichte gemacht.

Natürlich war es Reverend Mann leichter gefallen, Susis Verehrer zu verscheuchen, als sie noch unter seinem Dach wohnte. Sobald sie ausgezogen war, habe er seine Taktik ändern müssen; er habe sie ständig angerufen und ihr geschrieben, sei sogar ohne Vorankündigung bei ihr aufgetaucht. Und trotzdem, so erinnerte sie ihn, habe er von ihr erwartet, daß sie sich wie eine normale Tochter benehme, und ihr Schuldgefühle vermittelt, wenn sie es nicht tat.

Die dritte Anklage bezog sich auf die Weigerung Reverend Manns, die Wahrheit über Susis Herkunft zuzulassen: Da er von ihrer jüdischen Abstammung gewußt habe, hätte er sie darüber aufklären müssen. Hätte er es getan, so hätte sie sich frei zwischen den Religionen und Kulturen entscheiden können. Er habe sogar ihren Namen geändert, damit sie keine Verbindung zu ihren Wurzeln mehr hatte. Kurzum, er hätte ihr erklären sollen, was er und warum er es getan hatte, als Susi alt genug zu eigenen Entscheidungen gewesen sei.

Abschließend warf Susi ihm voll Bitterkeit vor, er habe sie nur vor der Verfolgung durch die Nazis gerettet, um selbst zu ihrem Verfolger zu werden.

Für den ehemaligen, bald achtzigjährigen Pfarrer war die Zeit der Beichte gekommen. Diese war seit langem überfällig, aber da man sie ihm nie abverlangte, hatte er sie auch nie abgelegt.

Reverend Mann begann seine Antwort mit dem Eingeständnis, daß er beim Lesen des Briefes seiner Tochter gezittert habe und sich zu Recht gedemütigt und schmutzig fühle. Er räumte ein, daß sie ein Recht auf diese Anklagen habe. Warum solle sie Lasten mit sich herumtragen, an denen sie nicht schuld sei? fragte er.

In einem beredten Schuldeingeständnis überlegte er dann, warum er nicht »vom Antlitz der Erde getilgt« worden sei. Nachdem er diesen angstvollen Schrei ausgestoßen hatte, ging er paradoxerweise daran, zu rechtfertigen, wie er Susi behandelt hatte. Er habe keine »Motive« gehabt, erläuterte er; er sei einfach, als sie ein Kind war, gegen jede Vernunft von ihr fasziniert gewesen. Er habe sie erst bewundert und sich dann in sie verliebt. Dies sei in jeder Hinsicht falsch gewesen, räumte er ein, und er allein sei verantwortlich für das, was zwischen ihnen geschehen sei. Ihm allein gebühre die Schuld – Susi solle sich von jeglicher Schuld frei, ja in jeder Weise frei fühlen. An dieser Stelle unternahm er einen vorsichtigen, später wiederholten Versuch, seine Tochter um Verzeihung zu bitten.

Dann gab er zu, wie fehlgeleitet seine besitzergreifende Art war und daß dieser Charakterzug die Wurzel aller Probleme gewesen sei. Er habe Susi fast von Anfang an als sein Eigentum betrachtet, erkenne jetzt aber, wie »böse dies in der Tat« gewesen sei.

Warum der Pfarrer so heuchlerisch in einer Kirche geblieben war, deren Moral er verraten hatte, konnte er nur damit beantworten, daß er nirgendwo anders unterkommen konnte. Da er keine andere Arbeit gefunden habe, sei er aus Gründen des wirtschaftlichen Überlebens Geistlicher geblieben.

Daß er Susis Herkunft verdunkelt hatte, verteidigte er damit, daß er ihr und Eunice die Fakten ihrer Vergangenheit mitgeteilt habe, als sie neun waren. Man habe ihnen erklärt, daß sie nicht die Kinder der Manns, sondern adoptiert seien. Sie seien stets ermutigt worden, in ihrer eigenen Bibel, dem Alten und dem Neuen Testament, zu lesen, und nie dazu gedrängt worden, ihre Vergangenheit zu vergessen. Allerdings habe man ihnen nicht die volle Wahrheit gesagt, und dies sei vielleicht ein schwerer Fehler gewesen. Das sei jedoch niemals – das Wort betonte er – in der Absicht geschehen, daß sie ihre Vergangenheit vergessen sollten: Er und seine Frau hätten nur nicht gewollt, daß die Kinder wie Fremde behandelt und von anderen Kindern oder Lehrern gekränkt würden. Einen anderen Grund habe es nicht gegeben. Und Susis Verfolger (in einem Atemzug mit den Nazis) habe er schon gar nicht sein wollen.

Zum Schluß des Briefes sprach der Pfarrer davon, daß er sich ausgesprochen gedemütigt fühle und keine andere Wahl habe, als sich dem Erbarmen seiner Tochter auszuliefern sowie dem des Gottes der Juden und Christen.

Endlich hatte das Blatt sich gewendet. Das Opfer, das so viele Jahre lang geschwiegen hatte, hatte sich gewehrt und zurückgeschlagen. Susi hatte lange gebraucht, um ihren Mut zusammenzunehmen, aber jetzt hatte sie dem Täter endlich den Spiegel vorgehalten. Der ganze Vorgang wirkte auf sie ungeheuer befreiend. Plötzlich ließ die ungeheure Macht nach, die ihr Vater seit ihrer Kindheit über sie ausgeübt hatte, die ihr Leben bestimmt, ja verkrüppelt hatte.

Susi hatte jetzt das Gefühl, daß sie allmächtig war. Konnte sie ihrem einstigen Peiniger nicht noch mehr Schaden zufügen? Es gab bestimmt viele Momente, in denen die Versuchung groß war. Jetzt erkannte sie, daß der Täter, solange er die Beziehung beherrscht, egal, wie er dazu gekommen ist, nach Belieben Mißbrauch ausüben kann. Erst wenn die Herrschaft vom Opfer gebrochen wird, als würde der Strom abgeschaltet, läßt der Griff des Täters nach und die Macht geht auf das Opfer über. Wichtiger als diese Macht war für Susi vielleicht das Gefühl der Freiheit, das damit einherging.

Und dann kam der Augenblick, auf den alle gewartet hatten, die Susi bei ihrer Suche halfen. Das Stadtarchiv München hatte herausgefunden, was aus Rosa geworden war – endlich klare Tatsachen, die vorher so rar gewesen waren. Die Entdeckung hatte eine äußerst schmerzliche Suche erfordert, und jetzt stand eines fest: Rosa Bechhöfer hatte niemals englischen Boden betreten. Frau Schmidt, die die Nachforschungen durchgeführt hatte, konnte nun genau berichten, was mit Susis Mutter geschehen war. Durch Einsichtnahme in die Akten der Gestapo war sie dahintergekommen. Allerdings hatte sie keine guten Nachrichten.

Frau Schmidt setzte sich mit Sally und dem BBC-Team,

das in München drehte, in Verbindung, ehe sie Susi Bericht erstattete. »Ich habe Susi auf die Nachricht vorbereitet«, räumt Sally heute ein:

> Ich hatte zwar von Rosas Schicksal erfahren, erzählte Susi aber, daß diese Angestellte ihr »vielleicht etwas über ihre Mutter erzählen« könne. Ich hatte das Gefühl, daß der Film herausbringen sollte, daß Susi die Sache wirklich wichtig war. Wieder war ich hin und her gerissen, ob ich diesen gefühlsgeladenen Moment miteinbeziehen durfte: wenn Susi die Neuigkeit über ihre Mutter erfahren würde. Ich wollte Susi auf keinen Fall filmen, wenn sie den Gefühlsvorgang bereits verarbeitet hatte. Ich wollte ungefilterte Gefühle.

Sally wurde nicht enttäuscht. In Susis Tagebuch steht:

> Das, was an diesem Tag passieren sollte, schien von Geheimnistuerei umgeben. Ich betrat eine ziemlich klinisch wirkende Umgebung aus Bücherregalen und Büromaterial. Frau Schmidt saß neben mir, und ich hatte keine Ahnung, was sie mir eröffnen würde. Erst ein Bild vom Waisenhaus. Ich suchte mein Gedächtnis nach Erinnerungen ab. Meine Gedanken wirbelten durcheinander. Ich hatte geglaubt, sämtliche Unterlagen seien »vernichtet« worden. Das hatte ich mein ganzes Leben lang geglaubt, und da steht mein Name – neben dem von Lotte, der ebenfalls deutlich geschrieben ist. Ich würge die Tränen hinunter und werde mir bewußt, wie nah ich der Festnahme durch die Nazis war. Aber statt dessen bin ich hier auf dieser besonderen Reise. Meine Hände zittern, die Lippen beben, und ich glaube, ich muß gleich gehen. Dann liegt ein Dokument vor mir, das sich auf meinen Vater bezieht und

die Ausdrücke »kränklich« und »Kratzer unter den Armen« enthält. Und Rosa hat sich entschieden, ihre Zwillinge nicht anzugeben. Ungeheurer Schmerz überkommt uns beide. Ihre Verleugnung. Rasch schließe ich, daß sie dies unserer Sicherheit wegen tun mußte. Dann betrachte ich das Foto und weiß, daß ich gleich explodiere. Nein, das darf ich nicht. Kameras. Sitz gerade. Balle die Fäuste. Unterdrücke das Schluchzen. Spüre den Schmerz in der Magengrube. Dann sage ich, darum bin ich hier – um dich zu finden. Hier bist du. Ich kann es nicht ertragen, die Traurigkeit in deinem Gesicht zu betrachten.

Frau Schmidt setzte ihre Erläuterungen fort, in einem geschäftsmäßigen, sachlichen Ton. An ihrem sicheren Auftreten erkannte man, daß sie diese Aufgabe schon öfter erfüllen mußte. Sie gab bekannt, daß Rosa zuletzt als Hausangestellte bei den Bachers in der Münchner Leopoldstraße gearbeitet hat. Bei ihnen war sie ein gutes halbes Jahr beschäftigt. Danach wurde sie festgenommen und in ein Sammellager für Juden gebracht. Sie verbrachte fünf Monate in einem Lager in der Stadt, das ursprünglich ein Kloster gewesen, von den Nazis aber zweckentfremdet worden war, und wurde dann in ein anderes in der Knorrstraße 148 verlegt.

Und schließlich kam man zum Kern der Angelegenheit. Frau Schmidt hatte Rosas Namen auch auf einer Liste mit 343 Juden gefunden, die am 3. April 1942 nach Piaski in Polen deportiert werden sollten. Von diesen Menschen hatte nicht einer – Mann, Frau oder Kind – überlebt.

»Meiner Ansicht nach fiel sie einer Massenerschießung zum Opfer«, sagte Frau Schmidt ganz ruhig. »Ich glaube, das war das Ende von Rosa Bechhöfer.«

Susi erinnert sich an ihre Reaktion darauf:

> Ich fing an zu zittern und zu schluchzen. Ich hatte ein Bild dieser Frau vor mir, die auf der Suche nach Schutz floh und schließlich gefaßt wurde, und meine schlimmste Befürchtung hatte sich bewahrheitet. Dann sagte eine Stimme neben mir: »Sie wußten, daß Sie vielleicht genau das finden würden.« Aber nichts kann schlimmer sein als das. Das ist der schlimmste Augenblick in meinem Leben. So viele Gedanken schwirren mir durch den Kopf. Es ist schlimmer als ein Horrorfilm. Ich möchte fliehen. Ich will schreien und schreien ... Ich renne hinaus. Aber ich weiß nicht, wohin. Sally folgt mir. Ich spüre ihre Sorge. Ich brülle laut: »O Gott, und er hat Rosas Vermächtnis zerstört.« Wieder war EJMs Schatten da.

Am nächsten Morgen wurde Susi klar, daß sie vielleicht doch fliehen, entkommen könnte, wenn auch reichlich spät. Von der Erfahrung des vorigen Tages überwältigt, machte sie sich auf den Weg zu einem Reisebüro in der Stadtmitte, um einen früheren Rückflug zu buchen. Sie sehnte sich nach der Stabilität, der alltäglichen Durchschnittlichkeit und Vertrautheit ihrer Heimatstadt.

In den vergangenen vierundzwanzig Stunden hatte Susi eine außergewöhnliche Erfahrung gemacht. Sie hatte ein halbes Jahrhundert überhaupt nichts von ihrer Mutter gewußt, sie nun endlich gefunden und sofort darauf wieder verloren. Jetzt konnte wenigstens die Trauerarbeit beginnen, tröstete sie sich. Susis Ziel war immer gewesen: zu wissen. Und jetzt wußte sie Bescheid. Sie wußte auch, daß solches Wissen nur eines brachte: ungeheures Leid.

Anfang Januar 1991 wurde der Dokumentarfilm *Whatever Happened to Susi?* von BBC 2 ausgestrahlt. Die »ungefilterten Gefühle«, die Sally gewollt hatte, waren reichlich enthalten und trugen der Sendung sicher die begeisterte Aufnahme durch das Publikum ein. Aber nicht jeder Zuschauerbrief war ein Kompliment. Die Namen des Reverend und seiner Frau waren im Film zwar in Hopkins abgeändert worden; trotzdem war das alte Paar mühelos als Edward und Irene Mann identifiziert worden. Und zwar nicht nur in Großbritannien, wo die Sendung zuerst lief, sondern auch in einer Reihe anderer Länder. Das war nicht überraschend, weil die Gesichter des Paars im Film mehrmals in Nahaufnahme zu sehen waren.

Zur Verteidigung der Manns gingen viele beredsame Briefe ein; ein häufiger Einwand lautete, sie seien verleumdet worden, der Reverend sei ein hochangesehenes Mitglied der Baptistenkirche; er sei zwar Fundamentalist, aber keineswegs der »Höllenfeuer-und-Verdammnis«-Prediger, als der er dargestellt wurde. Außerdem wurde behauptet, er und seine Frau hätten die Interessen der Kinder immer über alles andere gestellt und die übertriebene Wachsamkeit, derer man sie beschuldigte, sei in Wirklichkeit aufrichtige Fürsorge gewesen.

Für derlei Unterstützung zeigten die Manns nicht das geringste Zeichen von Dankbarkeit; aber sie gingen, davon vielleicht ermutigt, zum Angriff über und wollten sich als den geschädigten Teil darstellen, als unschuldige und ahnungslose Opfer, mit denen die Medien Mißbrauch trieben. Dazu Irene Mann:

> Als wir den Film sahen, fühlten wir uns, als würde jemand auf uns treten. Es fiel nicht ein Wort darüber, daß wir die Zwillinge gerettet hatten. Das brachte uns auf, weil wir Eunice und Grace zu unserem Lebens-

inhalt gemacht hatten. Dann dachten wir, auch andere Menschen haben gelitten, und wir müssen uns der Sache stellen. Aber ich muß sagen, daß es mich sehr interessierte, die vielen Leute zu sehen, die Grace kennengelernt hatte, und wie sie das alles geschafft hatte. Mein Gatte reagierte verzweifelt. Er wurde einfach still. Für uns beide gab es nichts, was wir hätten tun oder sagen können. Die Sache war gelaufen. Wir fühlten uns dem Film ausgeliefert. Wir lieferten uns dem Publikum aus. Aber wir werden nie darüber hinwegkommen, daß man uns über die ganze Sache im dunkeln gelassen hat.

Nach Susis Treffen mit Frau Schmidt und dem Abdrehen des Films in München trat in Rosas Geschichte eine neue Wendung ein. Susi hätte die recherchierte Version gern akzeptiert und die Sache auf sich beruhen lassen, wäre ihr nicht ein ganz bestimmter Brief in die Hände gefallen.

Tante Martha, Rosas ältere Schwester, der es noch vor dem Krieg gelungen war, nach Amerika auszuwandern, hatte bereits angekündigt, sie besitze ein wertvolles Dokument. Es handelte sich um einen Brief, den eine gewisse Maria Forster 1946 geschrieben hatte; diese hatte mit Rosa zusammen als Dienstbotin gearbeitet. Da Rosa damals Angst hatte, verhaftet zu werden, bat sie ihre Kollegin, in ihrer Sache Kontakt zu den New Yorker Bechhofers aufzunehmen, falls es soweit käme, und vertraute ihr mehrere Dokumente an. Maria hatte Rosa ihr Wort gegeben, daß sie ihrer Bitte bei der ersten Gelegenheit entsprechen würde, und hielt es.

20. 6. 46

Sehr geehrte Damen und Herren,

da man wieder nach Amerika schreiben kann, will ich einen Auftrag Ihrer Schwester Rosel Bechhöfer ausführen und Sie in Kenntnis setzen, daß sie Köchin bei Fräulein Heines, Bauerstraße 22 war, in deren Dienst ich als Hausmädchen trat. Nach mehreren Prozessen kam sie in ein Konzentrationslager. Dann wurde sie krank – Brustoperation – und mußte mit einem Transport fort, Ziel unbekannt. Ich habe nie mehr von ihr gehört. Es war für Rosel sehr schmerzlich. Ich lege diese Geburtsurkunde bei, die sie mir zur Aufbewahrung gab. Nutzen Sie diese Auskunft, wie Sie wollen. Ich kann Ihnen weitere geben, falls Sie welche brauchen.

Hochachtungsvoll
Maria Forster

Aus New York kam keine Antwort. Rosa sollte offenbar ein schwarzes Schaf bleiben, sogar noch im Tod. Doch diese starre Haltung beschäftigte Susi jetzt gar nicht so sehr, sondern die Tatsache, daß die Auskunft Maria Fosters nicht mit der von Frau Schmidt übereinstimmte.

Wenn Rosa 1942 erschossen worden war, warum sollte Maria dann ohne Zögern behaupten, sie sei im folgenden Jahr in ein Konzentrationslager geschickt worden? Und hatte nicht der *Central British Fund* der Juden berichtet, sie habe im Frühjahr 1943 die Einreise nach England beantragt? Außerdem hatte der Internationale Suchdienst erst kürzlich neue Beweise ausgegraben, daß Rosa in der ersten Hälfte des gleichen Jahres in einer Fabrik gearbeitet hatte. Für Susi bestand zwar kein Zweifel mehr, daß ihre Mutter durch die Hände der Nazis zu Tode gekommen war; sie hatte aber immer noch das schmerzliche Gefühl, daß ihr entscheidende Informationen fehlten. Aus diesem Grund durfte sie ihre Akte über Rosa noch nicht ruhigen Gewissens schließen.

Susi hatte das Glück, daß Frau Schmidt, die ebenfalls

jüdischer Abstammung ist, ebenso entschlossen war, die Wahrheit herauszufinden. Als gelernte Archivarin mochte sie unabgeschlossene Fälle nicht, schon gar nicht, wenn sie mit dem Holocaust zu tun hatten. Sie vertiefte sich also wieder in die Gestaporegister und konnte schließlich neues Licht auf Rosas Schicksal werfen.

Liebe Susi,

ich schreibe Ihnen, um Ihnen mitzuteilen, daß ich erst gestern in den Polizeiakten der Nazis einen Stapel jüdischer Pässe fand. Darunter befand sich der Ihrer Mutter Rosa. Alle Pässe in dem Sack (genau fünfzig) gehörten Menschen, die am 3. März 1943 nach Auschwitz deportiert wurden.

Es scheint also, daß Rosa ziemlich sicher für den Transport nach Piaski im April 1942 vorgesehen war, wie ich Ihnen bereits sagte, aber da sie ernsthaft an Brustkrebs erkrankt war, wurde sie ins Krankenhaus und später unglücklicherweise nach Auschwitz gebracht. Das letzte Lager in München war immer noch das in der Knorrstraße. Jetzt ergibt der Brief von Maria Foster für mich Sinn.

Alles Gute

Schließlich also die Wahrheit. Rosa Bechhöfer war im berüchtigtsten aller nationalsozialistischen Todeslager ums Leben gekommen: in Auschwitz. Rosa war endlich gefunden. Aber leider in Auschwitz.

Dazu schrieb Susi in ihr Tagebuch:

Ich öffnete diesen Brief und spürte wieder, wie in meinem Inneren alles zusammenbrach. Hier stand nämlich, daß dieses grauenhafte Vernichtungslager das letzte Ziel meiner Mutter gewesen ist. Das ist etwas, das ich die ganze Zeit wußte, so sehr ich mich auch dagegen sträubte. Aber dieses starke Bild, das kriege ich jetzt nicht mehr aus meinem Kopf. Ich sehe Rosa in ihren Tod laufen. Während sie in die Gaskammer geht, mit all den nackten, zusammengetriebenen Menschen, denkt sie die ganze Zeit bei sich: »Ich habe getan, was ich konnte, ich habe für meine Zwillinge getan, was ich konnte.« Und daß ihr letztes Gebet Lotte und mir galt – »möge Gott meine schönen Töchter erretten«. Und dir, meine liebe Mutter Rosa, mit der ich nur so kurz zusammen war, sage ich nur eines: Ich habe dich mein Leben lang vermißt und mich nach dir gesehnt. Mehr, als du jemals erfahren wirst. Möge deine Seele nun in Frieden ruhen.

Mit der Zeit dachte Susi auch an die Mitleidsbekundungen, die ihr meist vollkommen Fremde geschickt hatten, nachdem die Sendung im Fernsehen gelaufen war. Ein Brief berührte sie besonders, denn in ihm wurde ihrer Mutter gedacht. Maureen Goldberg aus Leeds schrieb:

Ich schreibe Ihnen, weil ich Ihnen sagen möchte, daß meine ganze Familie letzte Woche Ihre Sendung gesehen hat und wir alle tief für Sie empfinden. Ich habe seither ständig an Sie gedacht.

Ich empfinde ungeheure Trauer für Ihre Mutter Rosa. Ich weiß, daß sie sehr stolz auf Sie wäre.

Schalom

11. SUSI: EINE NEUE IDENTITÄT

Für viele Menschen ist die Lebensmitte eine Periode der Sicherheit und Stabilität; die Ungewißheiten und Turbulenzen der Jugend sind vorbei. Anders bei Susi Stocken. Die dramatische Suche nach ihrer Herkunft nötigte sie, sich mit grundlegenden Problemen auseinanderzusetzen.

Alan Stocken, der jedes Stadium dieses Vorgangs, wenn nicht sogar jedes Detail, beobachtete, macht sich aus der Metamorphose seiner Frau heute gelegentlich einen Spaß und neckt die Leute mit einem Rätsel. Wie kann er, so fragt er, eine Grace geheiratet haben und jetzt mit einer Susi verheiratet sein, ohne daß es eine Scheidung, eine formelle Trennung oder einen Partnerwechsel gegeben hat? Damit läßt sich das schwierige Thema gegenüber neuen Bekannten gut anschneiden. Aber auch wenn Susi inzwischen gelernt hat, mit den übrigen zu lächeln, war ihre Entdeckungsreise alles andere als vergnüglich. Es kam oft vor, daß sie innehielt und überlegte, ob sie mit dem Trauma und dem Wechsel jemals fertig werden würde. Jetzt, ein paar Jahre später, bedauert sie nur noch eines.

»Ich wünschte, ich hätte alles viel früher in die Wege geleitet«, räumt sie ein. »Darum habe ich gewissermaßen das Gefühl, ich müßte Versäumtes nachholen. Das Wunderbarste ist, daß diese dunkle Wolke des Nichtwissens verschwunden ist. Das war ungeheuer wichtig für mich. Und Susi ist heute ein Mensch aus eigenem Recht, was meiner Ansicht nach das grundlegende Prinzip menschlichen Überlebens darstellt.«

Tatsächlich war der Versuch, Grace aufzugeben, der Teil des ganzen Unterfangens, der nicht schmerzlich, sondern vielmehr erfreulich war. Grace war ja ein durch und durch unglücklicher Mensch gewesen, viele Jahre lang niedergeschlagen, isoliert und depressiv. Auch wenn manche Leute in ihrer Umgebung den Eindruck hatten, Susi habe Grace verschwinden lassen, sah sie selbst es anders. Sie hat das Gefühl, daß sie sich Grace' Fähigkeit zur Fürsorge erhalten hat und Susi damit stärker ist und weniger Opfer.

Ganz zentral beim Wechsel der eigenen Identität ist die Namensfrage. Während Susi keinerlei Schwierigkeiten hatte, den Namen wieder anzunehmen, den ihre Mutter ihr bei ihrer Geburt gegeben hatte, lag die Sache für die Menschen um sie herum nicht so klar. »Ich finde es sehr schwer, sie jetzt als Susi zu akzeptieren«, gesteht Reverend Mann. »Manchmal sage ich ›meine Liebe‹ zu ihr, weil ich nicht so recht weiß, wie ich sie nennen soll. Also nenne ich sie eben nicht mehr Grace. Aber Susi nenne ich sie auch nicht.«

Irene Mann war ebenso verwirrt. Am Anfang ihrer Briefe benutzte sie weiterhin den Namen, den sie und ihr Mann Susi gegeben hatten, aber anstatt mit dem üblichen »Mama und Papa« zu schließen, schien sie plötzlich weniger energisch zu sein und unterschrieb mit »wie immer wir beide«. Manchmal war die Lage offenbar so heikel, daß sogar dieser Kompromiß nicht funktionierte, so daß die Briefe an Alan und Susi mit »Ihr lieben beiden« begannen und mit »von uns beiden« endeten.

Damals standen nur die Vornamen zur Diskussion. Die Wirkung war gar nicht mit dem Bruch zu vergleichen, den Susis Entscheidung, ihren Ehenamen aufzugeben, hervorrief. Sie war keine Stocken mehr und wollte künftig Susi Bechhöfer heißen und den Namen tragen, der in ihrer Geburtsurkunde stand. Manche Familienmitglieder und Freunde runzelten die Stirn über diese Entscheidung oder spotteten sogar darüber. »Seit ich mich wieder Bechhöfer nenne«, erzählt Susi, »habe ich das Gefühl, den Namen zu tragen, der vor so langer Zeit ausgelöscht wurde, und meine deutsch-jüdische Abstammung leichter akzeptieren zu können. Ich mußte den Namen Susi annehmen, das gehörte zum Wiederfinden meiner Persönlichkeit.«

Banken und Immobilienfirmen von einem Namenswechsel zu unterrichten ist nicht besonders mühsam; auch der amtliche Wechsel ist keine schwierige oder kostspielige Angelegenheit. Aber ließ sich die zutiefst englische und christliche Persönlichkeit Grace Stocken mit ein paar Federstrichen austauschen? Sich dem Judentum zuzuwenden erschien Susi nur natürlich, denn damit nahm sie einfach wieder den Glauben an, den zu verlassen man sie vor fast fünfzig Jahren gezwungen hatte. Die neu entdeckten jüdisch-orthodoxen Familienmitglieder in New York freuten sich zwar darüber, äußerten jedoch wiederholt ihre Sorge.

»Wir bleiben nämlich, was wir sind«, erklärte Jerry Bechhofer, »während sie damit fertig werden muß, eine andere zu sein.« Susi versuchte, ihre Verwandten jenseits des Atlantiks zu beruhigen; sie sollten sich um sie keine Sorgen machen. Eine Weile lang schien sie sich auch auf die Glaubenslehren und -praktiken der orthodoxen Juden einzulassen. Stolz auf ihr wiedergefundenes Judentum, interessierte sie sich für alles, was den Glauben betraf, in den sie geboren war und den man ihr von frühester Kindheit an vorenthalten hatte. Wie auf anderen Gebieten ihres Lebens, hatte sie auch hier das Gefühl, Versäumtes nachholen zu müssen.

Und es ging ihr nicht nur um abstrakte Theologie. Da

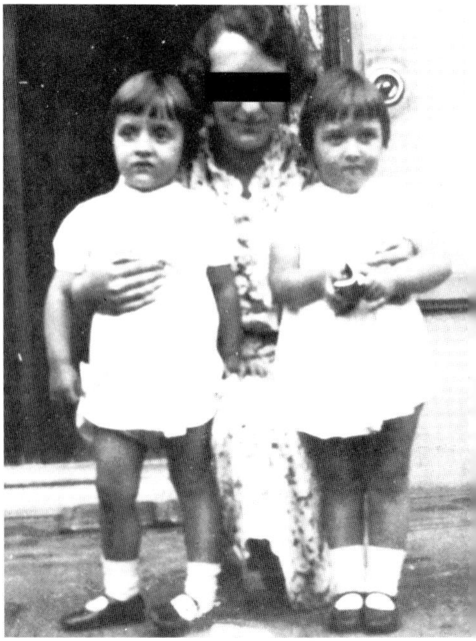

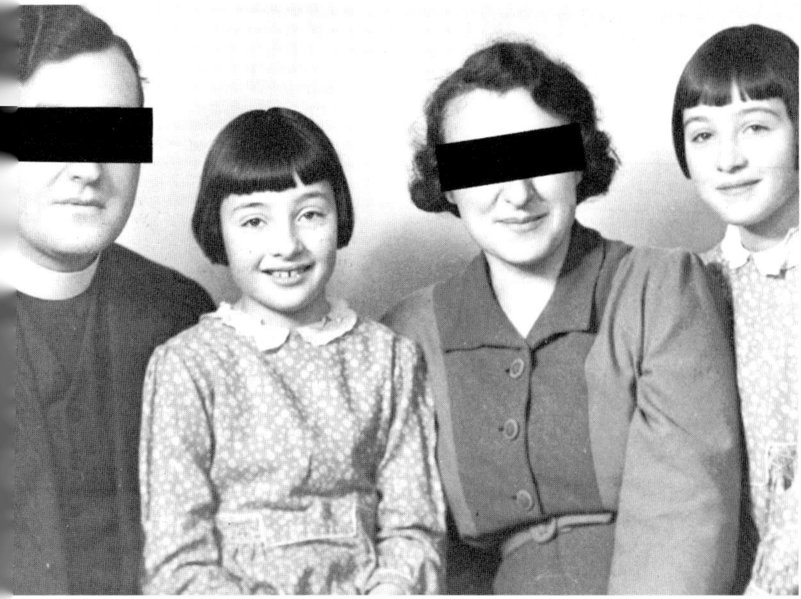

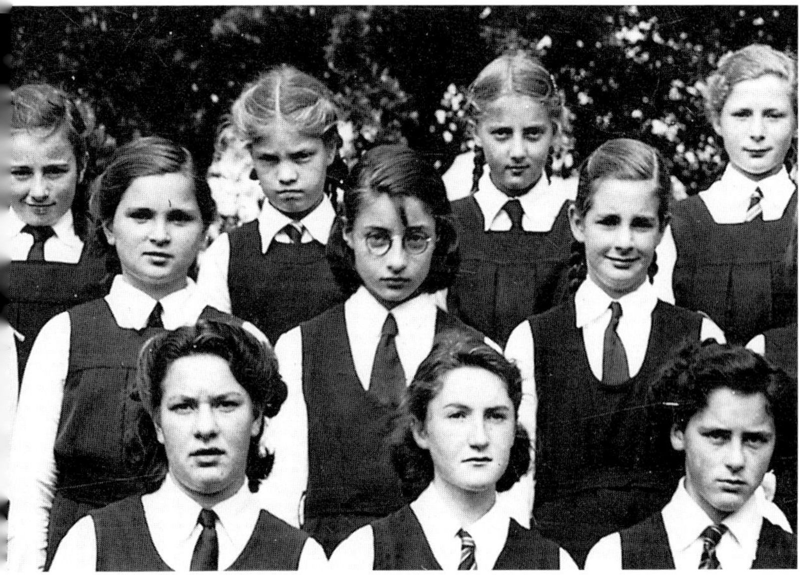

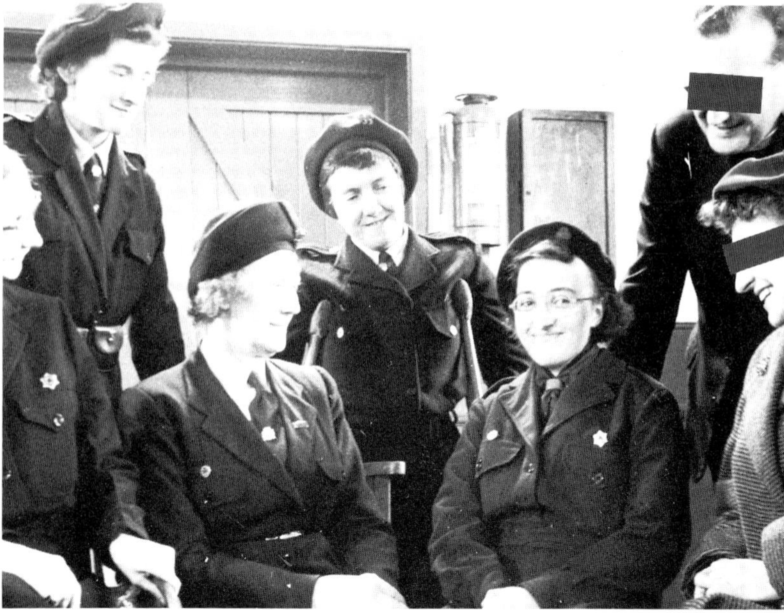

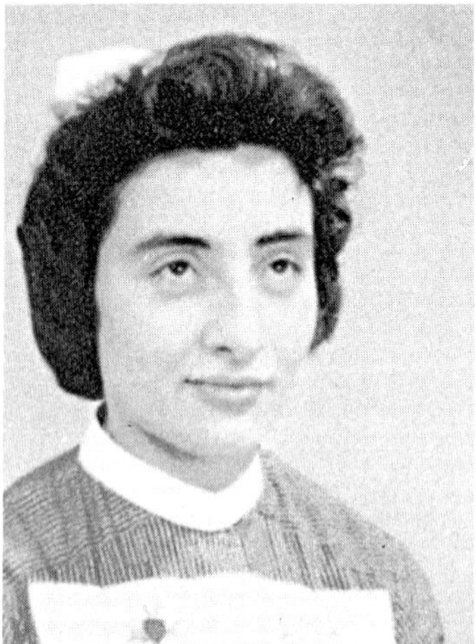

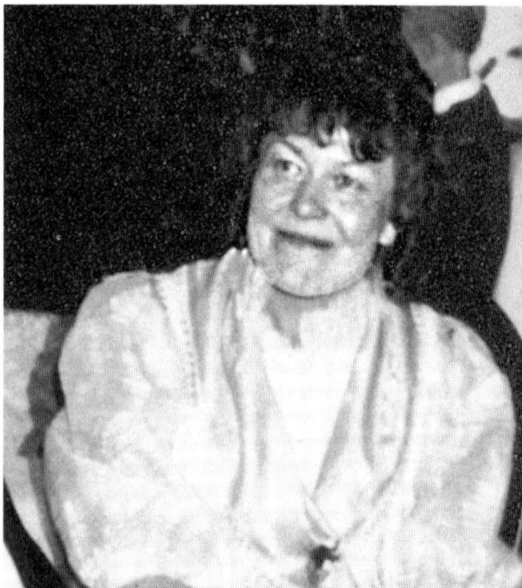

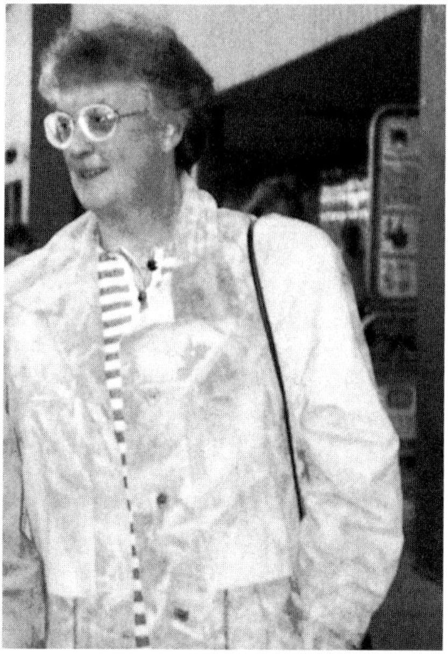

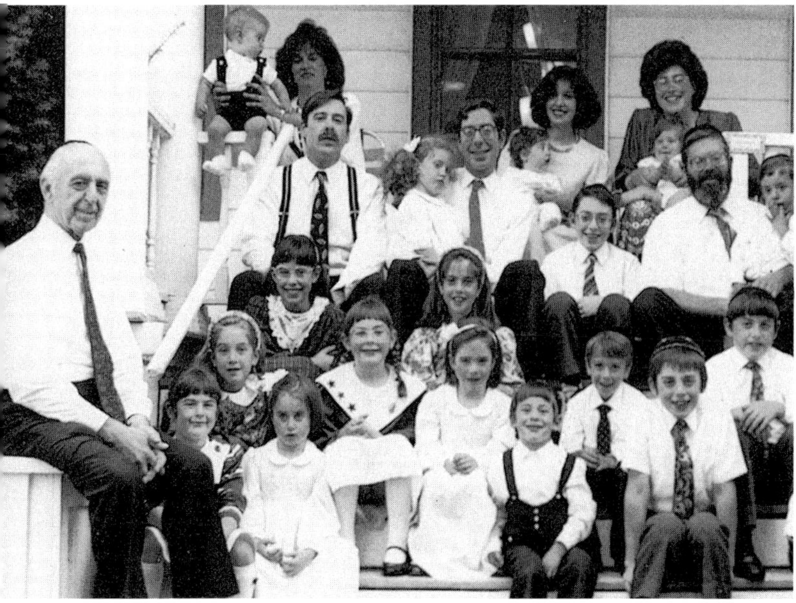

Susi sich mit den jüdischen Gebeten und Riten vertrauter machen wollte, besuchte sie mehrere Gottesdienste in Synagogen. Rabbi Jeffrey Cohen von der Synagoge in Stanmore widmete im Frühjahr 1989 seinen gesamten Seder-Gottesdienst ihrem Fall, weil er sich dessen Symbolkraft bewußt war. »Das kam mir überhaupt nicht merkwürdig vor«, notierte Susi in ihrem Tagebuch. Sie war stolz darauf, daß sie als praktizierende Christin zu diesem Übergang fähig gewesen war. Auch der jüdische Brauch, am Todestag der Mutter eine Gedenkkerze zu entzünden, schien ihr nicht unangebracht. Vielmehr überschnitten sich hier die Religionen. Es war die angemessene Art, Rosa Bechhöfers zu gedenken und sie zu ehren.

Doch trotz ihrer anfänglichen Begeisterung erkannte Susi bald, daß sie Schwierigkeiten hatte, den jüdischen Glauben in Gänze zu übernehmen. Zweifellos war sie in der Gemeinde willkommen, aber manchmal hatte die Einladung, zu ihrem Judentum zu stehen, etwas deutlich Besitzergreifendes, und sie wich vor dem Anspruch zurück, der da anscheinend auf ihre Seele erhoben wurde. Außerdem konnte sie in Rugby, einer Stadt, in der, wie Jerry Bechhofer es beschrieben hatte, das jüdische Leben nicht gerade blühte, nicht so plötzlich einen Alltag als Jüdin führen. Hier gab es keinen Rahmen wie den, der die amerikanischen Bechhofers zusammenhielt, und das orthodoxe Judentum in England blieb ihr fremd. Darum beschloß sie, künftig einen pragmatischen Standpunkt einzunehmen: Sie wollte stolz darauf sein, als Jüdin geboren zu sein, und im täglichen Leben praktizierende Christin bleiben. Ihre christlichen Wurzeln, so stellte sie fest, waren zu stark, als daß sie den Forderungen hätte gerecht werden können, die die jüdische Gemeinde mit Sicherheit an sie gestellt hätte.

Vielleicht liegt es daran, daß Frederick Stocken noch keine so tiefen Wurzeln schlagen konnte; oder vielleicht ist er einfach offener als seine Mutter. Jedenfalls sah er sich das Judentum bald aus theologischer wie aus philosophischer Perspektive ausführlich und genau an. Das überraschte Susi anfangs, denn ihr Sohn hatte nie Begeisterung für ihre Suche an den Tag gelegt und jegliches Interesse am Judentum der Familie oder auch nur am Schicksal seiner Mutter geleugnet. Das änderte sich jedoch mit der Zeit. Als er sein Studium abgeschlossen hatte, fing er an, darüber nachzudenken, welche Auswirkungen die Entdeckungen seiner Mutter auf ihn haben könnten: Wenn sie Jüdin war, dann war auch er Jude.

Heute kann Frederick zugeben, daß sein Judentum ihm viel bedeutet. Aber wie Susi betont er, daß er Christ bleibt und darum in eine anglikanische Kirche geht. Gleichzeitig hindert sein Glaube ihn jedoch nicht daran, sich alles anzueignen, was er über das Judentum erfahren kann. Daß er Jude ist, hat sogar sein Verständnis des Christentums bereichert. Um dies zu illustrieren, zitiert Frederick Thomas Crammers 1552 entstandenes »Abendgebet«, bei dem der Priester eingangs sagt: »O Herr, öffne deine unsere Lippen«, worauf die Gemeinde antwortet: »Und unser Mund soll deinen Lobpreis verkünden.« Als Frederick entdeckte, daß auch einer der jüdischen Gottesdienste mit diesen Worten anfing, allerdings auf Hebräisch, wurde ihm klar, daß Crammer Sätze entlehnt hatte, die die Juden schon seit fünftausend Jahren sprechen.

Frederick meint, seine Mutter interessiere sich mehr für die Blutsverwandtschaft, die ihr Judentum mit sich bringt, als für Fragen des Glaubens und Brauchtums. Für ihn hingegen lautet die dringendste Frage: Wie wird man damit fertig, zwei großen Weltreligionen anzugehören?

Susi hat wirklich gekämpft, um diesen Zwiespalt zu überwinden und ihren jüdischen Glauben anzunehmen. Wenn es um weniger komplizierte Fragen als die der Seele geht, bekennt sie sich bereitwillig zu ihrem Judentum. Sie trägt unzweifelhaft semitische und osteuropäische Züge. Das hatte Jerry Bechhofer sofort festgestellt, als er zum ersten Mal ein Foto von ihr sah.

> Als Dein Brief mit dem auffälligen Bild einer jungen Frau kam, sagte ich zu meiner Frau: »Wie ist sie an das Bild ihrer Mutter gekommen?« Und dann wurde mir klar, daß es kein Foto von Tante Rosel, sondern von Dir ist. Du siehst genauso aus wie Deine Mutter, wie ich sie in Erinnerung habe. Du hast das, was man auf Deutsch ein »Mischpoke-Gesicht« nennt. Das Wort »Mischpoke« ist natürlich jüdischen Ursprungs. Es bedeutet FAMILIE. Wie wunderbar!

Susis Begegnung mit den Bechhofers und die Bekräftigung ihres Judentums hatte nicht nur auf ihren engsten Familienkreis Auswirkungen, sondern auch auf ihre Pflegeeltern. Irene Mann sagte dazu:

> Ich kann verstehen, daß sie sich freut, die Bechhofers kennenzulernen, aber sie vergißt, daß sie die Zwillinge und deren Mutter ihrem Schicksal überließen. Und wenn es jemandem einfallen sollte, mit dem Finger auf mich oder meinen Mann zu zeigen, weil wir ihr jüdisches Erbe nicht genug gepflegt hätten, dann soll man nicht vergessen, daß sie zur Hälfte auch Arier sind.

Susi versucht nicht, die nichtjüdische Seite ihrer Abstammung zu verhehlen. Sie betrachtet sie als ihre deutschen Wurzeln. Noch ehe sie mit ihrer Suche begann, hatte sie sich in diesem Land immer zu Hause gefühlt und war innerlich gerührt gewesen, wenn sie Deutsch hörte. Deutsche und Jüdin zu sein ist ja schon schwer genug, aber um wieviel heikler ist es, wenn man als Engländerin in einem fundamentalistischen Zweig des Christentums aufgewachsen ist.

> Mein Deutschsein scheint manche Leute zu stören. Aber ich entschuldige mich nicht im geringsten dafür. Deutschland hat den Holocaust ausgeführt. Doch dafür waren nicht alle Deutschen verantwortlich. Ich bestimmt nicht. Darum sehe ich keine Notwendigkeit, meine deutschen Wurzeln abzulehnen. Ich durfte viele Jahre lang keine Deutsche sein, genausowenig wie ich Jüdin sein durfte. Jetzt ist mir dies alles wiedergegeben worden. Ich fühle mich sogar ziemlich privilegiert, daß ich mir aussuchen kann, wieviel davon ich anzunehmen wünsche.

Susi unterhält weiterhin eine enge Freundschaft zu Brigitte Hald, einer Schlüsselgestalt bei ihrer Suche. »Ich bin so dankbar, daß ich als Deutsche, die in der Zeit unmittelbar nach dem Holocaust lebt, jemandem helfen konnte, dem vom Nazi-Regime so schrecklicher Schaden zugefügt wurde«, sagt Brigitte.

Und Alan Stocken stand natürlich die ganze Zeit seiner Frau zur Seite. Sogar als sie seinen Nachnamen aufgab, akzeptierte er dies als Teil der komplexen Anpassung und Integration, die Susi unternommen hatte und abschließen mußte. Sie könnte keinen verständnisvolleren Partner haben. Alan ist es im übrigen gleich, ob Susi Deutsche oder Jüdin ist, Christin oder Engländerin. Er zweifelt nicht, daß das wichtigste Ergebnis der Suche für Susi darin besteht, daß sie eine Identität gefunden hat, die man ihr lange vorenthielt. Ihm genügt es, daß seine Frau aus den schwierigen Jahren herausgekommen ist und wieder eine Orientierung hat.

Am 25. Februar 1989 versammelten sich im Londoner Queen Charlotte and Chelsea Hospital dreißig einzelne Zwillinge. Für alle außer einem war es das erste Mal, daß sie wissentlich andere einzelne Zwillinge trafen. Die Teilnehmer gliederten sich in drei Gruppen: diejenigen, die bei der Geburt ihren Zwilling verloren hatten; diejenigen, deren Zwilling in der Kindheit gestorben war; und diejenigen, deren Zwilling im Erwachsenenalter verschieden war. Es war eine Gelegenheit für die Überlebenden, gemeinsam darüber nachzudenken, was der tiefe und einzigartige Verlust eines Zwillings bedeutete, und Möglichkeiten zu suchen, mit dem Schmerz besser umzugehen.

Diejenigen, die dieses Treffen besuchten, gründeten das Netz Einzelner Zwillinge, ein Verein, in dem Susi jetzt aktives Mitglied ist. Sie trat bei, weil sie sich jahrelang stur geweigert hatte, sich mit dem erdrückenden Schmerz auseinanderzusetzen, den ihr der Tod von Lotte/Eunice verursacht hatte, eine Weigerung, die damit zusammenhing, daß sie deprimierende Gefühle fernhalten wollte. Wie Susis frühere Identität besteht auch diese Weigerung nicht mehr. Doch gibt sie ohne Umschweife zu, daß sie mit der spät begonnenen Trauer um ihre Schwester noch lang nicht abgeschlossen hat.

Vier Monate später versammelte sich in London eine andere Gruppe von Menschen zu einer besonderen Feier: dem fünfzigsten Jahrestag der Kindertransporte. Aus der ganzen Welt waren Leute angereist. Bertha Leverton hatte sich in helle Aufregung hineingesteigert und schlief in den achtundvierzig Stunden vor dem Treffen kaum.

Trotzdem brachte sie die Kraft auf, diejenigen zu begrüßen, die als Kinder vor einem halben Jahrhundert dieselbe schreckliche Erfahrung durchlebt hatten. »Hallo, Kinder«, rief sie von ihrem Podium herunter, und sofort fühlten alle im Saal sich zusammengehörig.

Für Susi stellte das Erlebnis sich jedoch etwas anders dar:

> Sogar dort kam ich mir wie eine verlorene Seele vor. Mir wurde nämlich klar, daß alle anderen wenigstens auf ihr Judentum zurückgreifen konnten. Und da stand ich mit meiner sehr englischen und christlichen Erziehung. Sie schienen alle zu wissen, wer sie waren, und ich hatte gerade erst zu meiner Identität gefunden. Der Kantor sang wunderschön auf Hebräisch; er gedachte unserer Eltern und Lieben, die wir zurückgelassen hatten. Kaum einer konnte die Tränen zurückhalten.

Die Religion erwies sich als das eine Gebiet, auf dem Grace sich durchsetzte, denn Susi entschied schließlich trotz allen Kokettierens mit dem Judentum:

> Ich kann nicht länger zwischen den Stühlen sitzen. Ich mochte die Wahrheiten, die man mich als Kind gelehrt hat, in Clarendon wie zu Hause: Da gab es jemanden namens Jesus, der mich einfach so sehr liebte, daß er sich dafür ans Kreuz schlagen ließ. Ich verspürte jetzt das Bedürfnis, zu diesem Glauben zurückzukehren, obwohl ich Jüdin bin. Weil die Kirche einer der wenigen Orte ist, zu dem ich mich zugehörig fühlen kann und fühle. Mir ist klargeworden, daß Gott stets die einzige Antwort ist. Wie kann ich etwas anderes akzeptieren als die Botschaft der Evangelien?

Eine Zuschauerin, die einige Zeit nach der Ausstrahlung von Sally Georges Dokumentarsendung an die BBC schrieb, war für Susi von besonderer Bedeutung, und umgekehrt. Sie war sehr alt und entschuldigte sich dafür, daß sie so lange mit dem Schreiben gewartet hatte. Sie hieß Miss Grace Weston. Es waren fast vierzig Jahre vergangen, seit die beiden Frauen mit demselben Vornamen in Verbindung gestanden hatten. Miss Weston war nicht im geringsten überrascht, durch den Film zu erfahren, daß Grace Elizabeth Mann, ihre ehemalige Schülerin in Clarendon, jetzt Susi Bechhöfer hieß. Denn sie hatte ja als erste die Aufmerksamkeit des Mädchens auf die Tatsache gelenkt. Nachdem sie vor so vielen Jahren in der jungen Grace die Saat zu ihrer entscheidenden Suche gelegt hatte, bot sie ihr jetzt einen passenden und von Herzen kommenden Rat an. »Vergessen Sie nur nicht, was Ihre Pflegeeltern alles für Sie getan haben«, drängte sie und überging dabei gnädigerweise, wie sehr Susi unter ihrem Pflegevater gelitten hatte, »und danken Sie ihnen jedesmal, wenn Sie dazu Gelegenheit haben. Überlassen Sie alles übrige Gott, Susi, und versuchen Sie mit seiner Hilfe, nicht bitter zu sein.«

Es war unvermeidlich, daß Susi noch oft große Bitterkeit empfand. Sie war schließlich mißbraucht worden; ihr ganzes Leben war von einer erstickenden Besitzgier überschattet gewesen, gegen die sie sich machtlos gefühlt hatte. Als sie so viele Jahre später endlich herausgefunden hatte, daß das Leben ihrer Mutter in Auschwitz geendet hatte, fühlte sie sich wieder wie vergewaltigt.

Susi lief oft ein Schauder über den Rücken, wenn sie daran dachte, daß sie den Greueln des Holocaust um Haaresbreite entkommen war. Sie wurde von dem Gedanken an die Kinder aus dem Antonienheim verfolgt, die nie auf einen Kindertransport gelangten. Am meisten ging ihr das Bild Rosas nach, wie diese in die Gaskammer getrieben und inmitten einer wehrlosen Menschenmasse mit giftigen Dämpfen ermordet wurde. Und Rosa Bechhöfer war nur eine von sechs Millionen, die in dieser Hölle starben.

In Susis Kopf bestand eine unauflösliche Verbindung zwischen dem Schicksal ihrer Mutter und ihrem eigenen. Denn war nicht auch ihre Mutter mißbraucht worden, und zwar auf die gemeinste Art, die man sich vorstellen konnte? Und sie selbst hatte losschlagen, Schaden zufügen, Rache an Reverend Mann nehmen wollen, wann und wo sich die Gelegenheit bot. Doch da kam Miss Weston voll guter Absichten, aber in Unkenntnis der Tatsachen, wie so viele vor ihr, und hielt sie zu Dankbarkeit an. Sollte der Reverend doch dankbar sein, tobte Susi: dankbar, daß sie ihn nicht bei der Polizei angezeigt hatte.

Die vielen Jahre der Wut halfen Susi zwar bei der Auseinandersetzung mit ihrem Vater, doch sie konnte sich nicht mit einem Schlag völlig freimachen. Sie mußte noch viel erleiden – denn auch Wut ist schmerzlich –, ehe sie ihre Einstellung radikal änderte, und zwar unumkehrbar. Der Schlüssel lag darin, daß sie ihr Leben selbst in die Hand nahm.

> Ich kam zu dem Schluß, daß ich nicht ewig Opfer bleiben wollte. Außerdem wurde mir klar, daß ich auch einen Teil der Verantwortung für mein Verhalten tragen mußte; es reicht einfach nicht, alles und jedes, das im Leben nicht geklappt hat, einem anderen Menschen in die Schuhe zu schieben. Ich glaube, wegen all der anderen Dinge, die zu Hause vor sich gingen, hat es lange gedauert, bis ich schätzen konnte, daß er mich auch genährt und gekleidet hat und daß es eine außer-

gewöhnlich noble Tat war, uns Zwillingen die Tür zu öffnen. Wenn man selbst leidet, dann sieht man nur zu gerne weg. Das taten die Manns jedoch nicht. Bei diesem Aussöhnungsprozeß hat mir auch geholfen, daß mein Adoptivvater eindeutig zugab, was er mir angetan hat. Und ich spüre inzwischen, daß er sich wirklich schämt und es ihm leid tut. Deshalb war ich schließlich in der Lage und willens, ihm die Hand zu Frieden und Vergeben zu reichen. Und gleichzeitig fragte ich mich, warum ich so viele Jahre damit verschwendet hatte, auf ihn wütend zu sein und mir dabei selbst weh zu tun. Warum hatte ich das nicht längst getan?

»Als wir uns kürzlich trafen, sprachen wir ausführlich über viele Dinge«, erzählte Reverend Mann, »wobei sie zwei höchst bedeutsame Dinge sagte. Erstens wollte sie die Vergangenheit hinter uns lassen. Und was noch wichtiger ist, ich hörte endlich die Worte, auf die ich schon so viele Jahre gewartet hatte: ›Ich verzeihe dir.‹ Mein Herz sprang vor Freude.«

Nach so vielen leidvollen Jahren – Jahren des Leugnens, der Wut, der Kontaktverweigerung – hatte Susi endlich die Kraft gefunden, ihre Hand zum Verzeihen auszustrecken und den Wert dieser Geste zu begreifen. Trotzdem war der Friedensschluß mit dem Mann, der die Wurzel ihres Leids und auch der inzwischen erlangten Stabilität war, für Susi keineswegs die größte Erfüllung:

Das wichtigste Teil des ganzen Puzzles war, daß ich die Wahrheit über meine Mutter herausgefunden hatte und damit die Wahrheit über mich selbst – obwohl das, was ich fand, entsetzlicher war als alles, was ich mir je vorgestellt hatte. In meinem restlichen Leben werde ich sie immer in meinem Herzen tragen. Ich bin wirklich froh darüber, daß ich mich auf diese Entdeckungsreise begeben habe. Jetzt weiß ich wenigstens, wer ich bin.

Elisabeth Endres

Edith Stein

Chistliche Philosphin und jüdische Märtyrerin. 309 Seiten mit 12 Abbildungen. SP 2704

»Elisabeth Endres ist eine exzellente Biographie gelungen, sehr anschaulich geschrieben, mit bemerkenswert breiter Sachkompetenz. Mit intellektueller Brillanz und Anmut erreichte sie hier das Einfache, das (deshalb) so hochkompliziert in der Bewältigung ist.«
Münchner Merkur

»Die Geschichte einer Frau aus einer preußisch-jüdischen Familie, die, hochbegabt, sich der Philosophie zuwendet, zum Christentum konvertiert, in ein Kloster eintritt, nach Holland ausweicht, aber von den Schergen des Dritten Reiches erreicht und in Auschwitz ermordet wird. Es ist auch die Geschichte einer besonderen philosophischen Begabung, der aber Habilitation und akademische Karriere verwehrt bleiben: die Geschichte einer doppelten Diskriminierung, als Jüdin und als Frau.«
Neue Zürcher Zeitung

Ruth Elias

Die Hoffnung erhielt mich am Leben

Mein Weg von Theresienstadt und Auschwitz nach Israel. Mit einem Nachwort zur Taschenbuchausgabe. 342 Seiten mit acht Abbildungen. SP 1286

Ruth Elias hat in diesem Buch nach Jahrzehnten des Schweigens die Geschichte ihres Überlebens in Theresienstadt und Auschwitz erzählt, aufgeschrieben für ihre Enkel. Nach dem deutschen Einmarsch in ihrer mährischen Heimat als Jüdin verfolgt, wird sie zunächst nach Theresienstadt deportiert, 1943 nach Auschwitz, wo es nur noch um das nackte Überleben geht. Sie sieht, wie Tausende ihrer Mitgefangenen verhungern, zu Tode gequält, vergast werden. Hier bringt sie ein Kind zur Welt – und tötet es, als der KZ-Arzt Dr. Mengele Experimente an ihm durchführen will. Viele haben versucht, Auschwitz – »das Unverständliche, das niemand verstehen kann« (Elias) – zu schildern, es »anderen« nahezubringen. Soweit dies überhaupt möglich ist, ist es in diesem Bericht gelungen.